首都经济贸易大学出版资助

中国农村土地制度的变迁

申始占 著

首都经济贸易大学出版社
Capital University of Economics and Business Press
·北京·

图书在版编目（CIP）数据

中国农村土地制度的变迁 / 申始占著. -- 北京 : 首都经济贸易大学出版社, 2022. 9

ISBN 978-7-5638-3419-8

Ⅰ. ①中… Ⅱ. ①申… Ⅲ. ①农村-土地制度-研究-中国 Ⅳ. ①F321. 1

中国版本图书馆 CIP 数据核字（2022）第 166728 号

中国农村土地制度的变迁

ZHONGGUO NONGCUN TUDI ZHIDU DE BIANQIAN

申始占　著

责任编辑　陈　侃

封面设计　风得信・阿东 FondesyDesign

出版发行　首都经济贸易大学出版社

地　　址　北京市朝阳区红庙（邮编 100026）

电　　话　（010）65976483　65065761　65071505（传真）

网　　址　http://www. sjmcb. com

E- mail　publish@cueb. edu. cn

经　　销　全国新华书店

照　　排　北京砚祥志远激光照排技术有限公司

印　　刷　北京九州迅驰传媒文化有限公司

成品尺寸　170 毫米×240 毫米　1/16

字　　数　199 千字

印　　张　11. 75

版　　次　2022 年 9 月第 1 版　2022 年 9 月第 1 次印刷

书　　号　ISBN 978-7-5638-3419-8

定　　价　45. 00 元

序　言

对于中国人而言，土地不仅意味着财产，更意味着归属、乡愁和情愫。艾青在《我爱这土地》中写道：为什么我的眼里常含泪水？因为我对这土地爱得深沉。在这句诗里，土地即为国家。

自中国共产党成立以来，百年的浮沉变迁并未动摇农民紧跟共产党的决心，正是农民的辛勤劳作和无私付出，才为社会主义事业奠定了坚定的基础。

作为农民的“命根子”，土地问题始终是农民最关切的问题。怎么处理土地问题，也成为共产党联结农民的核心纽带。自中国共产党成立以来，我党领导下的土地制度先后经历了土地农有制、人民公社制度、承包责任制和“三权分置”改革四个时期。在百年的历史变迁中，农民的收入、农村的风貌以及农业的现代化取得了卓越的成就。然而，必须承认的是，当前的农村土地产权仍然处于不清晰的状态。产权模糊以及由此引发的一系列问题，不仅制约着农民财产性收入的进一步提高，制约着农民共同富裕的实现和乡村振兴的开展，也将制约未来农村经济的长远发展。

针对产权问题，何·皮特曾在《谁是中国土地的拥有者》中用各种案例生动地做出了清晰的说明，并得出结论认为：为了避免冲突，中央政府对集体所有权没有做出明确的法律定义，形成了所谓“有意的制度模糊”。这种模糊，甚至使研究者们都无法明确农民的农地承包经营权到底是财产权还是成员权，进城后农民是否应该退还土地权利？中国人民大学公共管理学院的一次抽样调查（2016 年）结果显示，对有关中国农民土地权利的提问中，绝大多数（80.5%）的受访者无法正确回答我国农村土地的所有权归属情况；其中，30 岁以下的农民中，有 45.7%的人认为“农村土地是属于国家的”，而持这一认识的比例在 50 岁以上的农民中仅为 35.8%。

为什么会出现这种认知困惑呢？其根源仍在于实践中的农村土地产权结构安排，其具体原因有如下。第一，从客观上来看，工业化和城镇化的发展必然会推进到农村集体所有的土地，从而产生新型的复杂产权结构。例如，以企业形态出现的农村集体经济组织中，集体资产（包括土地）的所有权和相应的占有、使用、收益、处分等权能都发生了根本性的转变，但是，如何充分保障集体成员的知情权、决策权、监督权，以及收益分配权等，尚缺乏法律的规范性约束和政策的明确性安排。第二，从主观上来讲，源于有关领域的法律体系建设滞后于实践的发展。受制于法律体系、分析工具和现行体制的多重影响，农村土地制度改革缺乏逻辑清晰的明确表达，导致法律、政策和体制之间埋藏着潜在的矛盾，并进一步使得法律难以及时更新。第三，立法、司法和行政权之间的权力界限模糊。长期存在的现实做法导致征用权大于所有权的不当现象，农民很多情况下无法有效地保护自己的所有权。

为解决这一问题，国家一直在推进农村土地产权的清晰化进程。尤其是党的十八大以来，这一进程得到了明显的加速。党的十八届三中全会《关于全面深化改革若干重大问题的决定》强调“赋予农民以更多的财产权益”，并非常具体地提出如下要求：赋予农民对土地承包经营权抵押、担保等财产权利；农村集体建设用地和城市建设用地可同地同权同价；慎重稳妥推进农民住房财产权抵押、担保、转让。2013 年，中央政府全面启动了农村土地确权登记工作。2014 年，中央一号文件提出在土地集体所有的基础上，开展农地“三权分置”改革。2018 年中央一号文件将“三权分置”改革延伸到农村宅基地领域，探索宅基地所有权、资格权、使用权“三权分置”。2019 年，《中共中央国务院关于坚持农业农村优先发展做好“三农”工作的若干意见》提出：坚持保障农民土地权益，不得以退出承包地和宅基地作为农民进城落户条件，不能强迫进城落户农民放弃其合法取得的承包地和宅基地使用权。从这些文件不难看出，中央已经开始致力于理清农村土地产权结构，保护农民的合法权益，并促进农村土地要素的市场化进程。

然而，在很多情况下，政策从出台到落实存在着显著的差距。以集体所有权为例，《中华人民共和国宪法》和《中华人民共和国土地管理法》明确规定，“农民集体所有的土地依法属于村农民集体所有”，但在实践中，“集体”的准确定性是一个很难得到明确答案的问题。虽然《中华人民共和国民法典》第九十六条规定，“本节规定的机关法人、农村集体经济组织法人、城镇农村的合作经济组织法人、基层群众性自治组织法人，为特别法人”，但是，集体经济组织与集体是两个不同的概念。集体是农村土地的合法所有者，而集体经济组织和村委会只是承包地的合法发包人。集体经济组织不能替代集体成为适格所有权人。所以，看似“清晰”的规定在经济实践中却难以执行。就目前来看，村集体经济组织、村民委员会以及村民小组都在一定程度上代行着土地所有者的职能，但实际上它们都不是真正的土地所有者。

总结来看，这种问题也可以描述为：改革者和被改革者还没有形成关于农村土地制度改革的统一逻辑，也没有在现行体制、改革目标和制度推进中形成逻辑自洽，这种状况使得农村土地制度改革难以按照既定的目标进行，甚至在很多时候出现了南辕北辙的情况。改革的本意是想通过土地制度改革来提高农民的参与程度，但是在具体的制度设计当中，农民的积极性和自主性却没有被充分调动起来。这种情况与生产力决定生产关系的一般逻辑是相违背的。实际上，农村土地制度改革本应由农民充当发动机，通过自下而上地反映问题进而再自上而下地解决问题以顺利推动农村土地制度改革；若政府取代农民成为推动农村土地制度改革的源动力，则势必会受到激励机制的影响，不仅不能充分保护农民的利益，反而有可能在某些领域损害农民利益。

那么，中国农村土地改革破局的关键点在哪里呢？本书指出其关键点在于促成改革者形成一种明确的评判标准，这种标准既能够兼容公有制的经济体制，又能够兼容产权清晰的改革目标，从而令农村土地制度改革形成以“三农”问题为导向，以政府推动为依托的良性发展路径。不同的产权结构安排必然形成不同的激励机制，从而导致不同的结果。在这一论著中，申始占博士重点讨论的就是这一主题的各种历史形态；他力图建构一种理论框架以公允评判农村土地所有制各种历史形态中的激励机制和效率问题。在这种框架下，中国农村土地制度百年变迁可以分野为两种机制：一种是以人民公社为代表的激励相容较弱的体制，一种是以土地农有、“两权分离”和“三权分置”为代表的激励相容较强的体制。

激励相容较强的实现形式指的是能够实现劳动者与生产资料的直接结合，并充分调动生产者积极性的产权形式。在这种形式下，适当的产权结构和清晰的产权状态将引致收益分配关系得以顺畅建立；顺畅的收益分配机制将引致激励相容生产机制的产生，激励相容的生产机制的产生将促进生产力的发展；生产力的发展又将催生多样化的“协作”方式，而多样化的“协作”方式将进一步引导劳动者与生产资料之间实现更直接、更充分的结合。这种新的生产方式又将推动生产关系发生新的解体与转化。在此基础上，转化后的所有制形式将按照“所有制—产权”的互动逻辑再次展开循环；如此循环往复，经济发展便可以进入积极循环的强化路径。反映到中国农村土地不同形态上，农民所有制、承包责任制和“三权分置”改革即属于此类。

激励相容较弱的实现形式指的是无法实现劳动者与生产资料的直接结合，并弱化了生产者积极性的产权形式。在这种形式下，极端的产权结构和模糊的产权状态将引致受阻的收益分配关系。阻滞的收益分配机制将无法产生激励相容的生产机制，这将进一步阻碍生产力的发展。停滞的生产力僵化了劳动者与生产资料之间的“协作”方式，而“协作”方式的僵化又进一步割裂了劳动者与生产资料之间的有机结合。在此基础上，落后的生产方式不仅不能推动生产关系发生解体与转化，反而极有可能令其处于停滞或倒退状态。如此循环往复，经济发展便会进入消极循环的强化路径。

当然，这种评判不仅涉及评判标准的设定问题，也涉及有关历史的某些细节问题。对这些问题，不同的学者会有不同的看法。但是，在我看来，申始占博士把农民与土地相结合的方式和程度作为讨论激励机制的聚焦问题，是很有创意的，也符合马克思主义政治经济学的要义。农村土地制度改革是关系国计民生的重大议题，如何借助于土地改革来实现农民的共同富裕、农村的“乡村振兴”以及农业的现代化建设，是值得进一步深耕细作的议题。

杨春学

2022 年 9 月

前　言

“三农”问题一直是制约我国社会主义事业发展的关键，而中国农村土地问题又是解决“三农”问题的关键。随着我国城镇化和工业化的快速发展、农村居民流动性的快速增加、就业渠道的多样化发展，以及农业经营市场化程度的不断提高，如何深入推进农村土地改革成为一项重大课题。其中，中国农村土地改革中的产权的模糊又为农村土地的进一步改革带来了困难。由于改革者对土地制度改革缺乏一种明确的基础性评判，同时缺乏明确的改革目标，导致中国农村土地制度的历史遗留问题逐渐加重，体制积弊也无法有效清除。进一步地，不仅农民的财产性收入无法得到保障，而且，“乡村振兴”战略的开展也将失去重要的理论支撑。

对中国农村土地制度变迁历程进行梳理和分析，进而总结出农村土地制度改革的一般性评价标准是解决上述问题的可行思路。为贯彻这一思路，本书的行文结构安排如下：第一章对本书的研究背景、研究意义、文献综述、基本思路和研究方法做了综合性的论述；第二章对人民公社制度的形成、产权结构、制度绩效和特殊制度安排进行了讨论；第三章对承包责任制的形成过程、实现形式、产权结构以及制度绩效进行了探讨；第四章对“三权分置”改革的形成原因、制度设计、试点实践进行了探讨；第五章对农村土地制度变迁的特殊难题——土地非农化——进行了探讨，重点讨论了土地非农化的变迁历程、制度设计、体制弊病以及改革难点；第六章对农村土地制度改革的辐射效应进行了探讨，重点论述了“包产到户”改革引致的财产权利和人身权利双重松绑，以及“三权分置”改革引致的带动效应与未来展望；第七章建构了农村土地制度改革的一般性评价标准，重点论述了激励相容较强的所有制实现形式和激励相容较弱的所有制实现形式；第八章对全文进行了总结，简要地评述了各个时期的农村土地产权形态。

如何找到与市场机制相容的公有制形态一直是改革中的一个重要的理论和实践问题。本书认为：虽然我国农村土地改革存在着各种有待解决的问题，但农户对农村集体所有土地的承包制是我们已经找到的一种生产资料与劳动者直接结合起来的良好形态。当前的农村集体所有土地的承包制改革，实际上是在保护农村土地公有制的基础上，力图建立激励相容较强的土地制度形态，并在改革中不断强化激励相容较强的发展方向。

申始占

2022年9月

目　录

第一章

导　论

第一节　对选题本身的思考

农业、农村、农民（简称“三农”）问题一直是制约我国社会主义事业发展的关键，而农村土地问题却是解决“三农”问题的关键。对农村问题来说，如何合理制定并有效实施土地承包制度，如何实现承包地有效的利用与处置，如何使承包地的变动与人口变动相适应，直接决定了农村的和谐稳定与改革发展。对农业问题来说，粮食安全直接关系到国计民生的安危，而农村土地制度则直接决定了粮食的产量与安全。健全、稳定的土地制度可以极大地促进粮食产量的增加，而激励不相容的土地产权制度却会打击农民种粮的积极性。对农民问题来说，土地一直以来都是农民的“命根子”，其不仅直接关系农民的增产增收问题，还关系邻里之间的和睦与乡风文明的建设。所以，只有解决好农村土地问题，才能提高农业生产水平，才能提高农民的收入水平，才能进一步促进社会主义新农村的建设。农村土地制度作为一项基础性的经济制度安排，它的调整和演进对于农业生产发展、农民权益保护、农村社会治理乃至国民经济建设都有着极为深刻的影响。正因如此，农村土地制度一直是社会各界广泛关注的重点话题，也是中央政府全面深化农村体制改革的关键领域。

改革开放以来，虽然农村土地制度改革取得了不菲的成就，但也蕴藏着诸多尚未解决的问题。以承包地为例，根据相关法律政策的规定，农民享有土地承包经营权。《中华人民共和国农村土地承包法》第十七条明确规定，承包方“依法享有承包地使用、收益的权利，有权自主组织生产经营和处置产品”。《中华人民共和国物权法》第一百二十五条规定：“土地承包经营权人依法对其承包经营的耕地、林地、草地等享有占有、使用和收益的权利，有权从事种植业、林业、畜牧业等农业生产。”土地承包制是对人民公社制度的大胆创新，是以赋予农民土地产权为内核的。

但是，农民所获得的这些土地权利却受到较大的限制。就承包地使用权流转来说，我国法律规定有以下六种土地流转方式：转包、互换、转让、入股、出租、代耕。《中华人民共和国农村土地承包法》第三十二条规定：“通过家庭承包取得的土地承包经营权可以依法采取转包、出租、互换、转让或者其他方式流转。”但是，在这六种土地流转方式中，转包、互换、转让和入股等土地流转方式都只能发生在集体经济组织内部，只有出租和代耕才能发生在集体经济组织外部。法律对土地经营权流转范围的严格限制阻碍了土地流转市场的进一步拓展。《农村土地承包经营权流转管理办法》第三十五条规定，“本办法所称转让是指承包方有稳定的非农职业或者有稳定的收入来源，经承包方申请和发包方同意，将部分或全部土地承包经营权让渡给其他从事农业生产经营的农户”，也就是说，不具有“稳定的非农职业或者有稳定的收入来源”的承包方还无法将属于自己的土地经营权流转。这既是对农户土地承包经营权的保护，也可以说是不合理的限制。

随着城镇化和工业化的发展，以及随之而来的农村居民流动性、就业渠道多样化、农业经营市场化程度等方面的大幅度提升，这类性质的不良影响不断凸显。农民虽然获得了土地承包经营权，但并没有获得这种承包经营权所暗含的相应权利，特别是土地处置权。比如，如上所述，对土地流转来说，现有法律对农户的土地经营权的流转进行了诸多的规定，这些规定使得许多农村土地使用权只能流转于村集体内部，而不能流转于集体经济组织外部，这造成了农村土地资源的浪费以及对农民财产权利的制约。除此之外，相关法律也没有对土地经营权的抵押担保功能进行规定，这就使得农户空有土地权利处置权之名，却无土地权利处置权之实。上述这些事实表明：农户土地承包制下的具体产权制度安排存在进行进一步改革的需要。

除了农用地之外，非农用土地方面的产权制度安排也存在问题。就宅基地使用权流转来说，当前法律对宅基地领域的成员资格权限制要大大强于对承包地的资格权限制。虽然在基本法中没有对宅基地的使用权流转作出明确的规定，但国土资源部曾在2004年下发的《关于加强农村宅基地管理的意见》中明确规定：“严禁城镇居民在农村购置宅基地，严禁为城镇居民在农村购买和违法建造的住宅发放土地使用证。”也就是说，农户不能将宅基地使用权进行集体外部的流转。此外，即使宅基地能够在集体内部流转，这种流转也是受到严格限制的。根据最高人民法院的司法实践指导（即《〈中华人民共和国物权法〉条文理解与适用》），宅基地的集体内部转让必须满足以下条件：第一，转让人拥有两处以上宅基地；第二，受让人没有住房和宅基地；第三，该转让行为必须征得集体组织同意；第四，集体组织内部的宅基地使用权不得单独转让，需要“地随房走”。除此之外，若宅基地使用权人将该宅基地转让之后重新申领宅基地，不予准许。

相比于宅基地限制更严重的是土地强制征收制度。改革开放之后，盛行于计划征收时期的土地强制征收行为并未发生根本性的转变，由于土地强制征收而引发的农民与地方政府间的矛盾以及各种事故引人深思。地方政府对农村土地实施强制征收的原因在于工业化建设用地激增与非农业用地供应不足之间的矛盾，由于政府无法通过自愿谈判的方式与被征地对象在土地征收方面达成一致，强制征收就成了一种替代措施。

经过四十多年的改革，为什么农村土地制度一直处于这样一种产权不清晰的状态？究其原因，笔者认为可以从以下两个方面来解释：第一，农民自主权的缺失，第二，政府在土地制度改革上处于主导地位。政府本想通过土地制度改革来提高农民的参与程度，但是在具体的制度设计当中，农民却几乎没有自主性。除此之外，还有一个十分重要的因素就是改革者对这种土地制度的变迁缺乏一种明确的根本性评判，也没有一个明确的改革目标判断。本书力图通过对不同阶段农村土地产权制度安排的比较分析，为做出这种评判或判断提供一个思考的基础。这种比较分析是通过对公有制实现形态的分析——激励相容较强的公有制形态和激励相容较弱的公有制形态的分类——来展开的。

第二节 相关文献的评论

事实上，目前已有大量文献在讨论农村土地变迁过程。一部分学者对引起“包产到户”的自发性制度变迁进行了分析。如高王凌（2006）对人民公社时期农民的“偷”“借”等非正式制度进行了研究，他认为这种非正式制度带有一种“边际”的性质，即恰好能满足农民日常的生活和生存需求。林毅夫（2005）认为我国生产责任制改革的根本原因在于生产监督体制和激励机制的解决。姚洋（2000）认为中央政府对公平、效率与稳定之间的权衡是形成现有农地产权安排的主要原因。另一部分学者则对家庭联产承包责任制之后的强制性制度变迁进行了研究。如胡穗（2007）通过详细的文献梳理，描述了新中国成立以来中央政府农村土地政策的演变轨迹。董景山（2012）对 1980 年以来的农村土地法律法规进行了整理，将农村土地的正式法律制度演变划分为若干个阶段，并对每一个阶段农民所享有的土地产权进行了分析。还有一部分学者对整个农地制度变迁过程进行了探讨。如王敬尧和魏来（2016）通过提出“制度黏性”、“黏性生成”和“黏性稀释”等关键性概念，以正式制度“黏性”为起点，同时选取非正式制度因素作为关键变量，从非正式制度与正式制度互动机制的视角建构出了一个解释我国长时域农地产权存续和变迁的内在机理的“黏性分析”研究框架。韩德军、朱道林（2013）对中国农村土地产权历史演进规律和现阶段农村土地产权改革取向进行了解读和分析，构建出了一个中国农村土地多元动态博弈模型，从理论层面得出新中国成立后农村土地产权制度是一个以中央政府强制性制度变迁为主导向诱致性变迁过渡的历史过程，农村土地制度的变迁促进了农业经济的进一步发展。

除此之外，也有许多学者集中于对我国农地产权不清问题的讨论。周其仁（1995）认为由于农村土地是由国家靠政治权力从地主手中夺取再分配给农民的，所以农民存在“产权残缺”问题。何·皮特（2008）认为，中国的产权残缺是一种“有意的制度模糊”，其目的是国家通过试错来找到最有利于经济发展的一套制度。颜运秋（2005）从集体权能出发，认为现有集体所有权虚位，“农民集体经济组织在大多数村内是不存在的，村集体经济组织的职能一般都是由村委会代行的，土地所有权人出现了主体虚位的情况”。谭峻（2010）认为，“我国现行法律关于农民集体土地所有权主体的规定是明确的，但是对所有权主体的代表没有明确界定”。陈洪玲、韩晓楠（2011）认为“农村集体土地所有权主体虚位，‘农民集体’是一个抽象的概念，不符合产权主体的特征”。在他们看来，只有厘清我国当前的农地产权结构，才能构建更为高效率的激励相容机制。

当然，为解决这种不清晰的农村土地产权制度，学界也提出了诸多解决方案。这些解决方案主要分为两类：第一，在坚持集体土地公有制的基础上，通过还权赋能的方式对农地产权结构进行改革。如师晋英（2002）、马俊驹（2007）认为，农村土地制度改革虽然是大势所趋，但是，若骤然间对农村土地制度进行大调整，势必会引起农村社会较大幅度的震动。因此，在坚持土地公有制的基础上，保留集体土地所有权，强化土地使用权就成为一种有效的折中措施。农民可以在遵循自愿、公平、公开、公正、有偿、效率等原则的基础上，对土地进行多种形式的使用权流转。赵旭东（2002）认为，新一轮的土地制度改革可以将土地股份化作为主要改革目标，通过构建股本、推进股份合作、参与农业规模化经营等方式，将土地使用权折合成为股权，而农户则可以凭借股权取得收益。

第二，主张土地私有化。如杨小凯（2002）从借鉴澳大利亚的土地制度出发，认为我国农户所具有的土地出租、抵押、转让等权利受到来自国家和集体的很大限制，如任意缩短承包期、对承包的土地进行调整等，从明晰产权主体的角度应该进行土地产权私有化改革。蔡继明（2005）认为解决“三农”问题的根本出路在于土地私有化，以土地私有制代替家庭承包制能够实现土地的有效流转和集中，从而进一步实现土地的规模经营，提高农业的劳动生产率。蒋永穆等（2003）认为由于目前家庭承包制的产权残缺，农用地转非农用地的增值收益分配不公，农民利益受损，实行农地产权私有制有利于加强农民对其土地权益的自我保护，以及消除农地非农化过程中的寻租现象。

在主张实行土地私有化的观点中，还有一部分人主张在我国农村土地上设立永佃权制度。如杨立新（2000）认为，“‘土地承包经营权’这样一个法律概念具有不确定性，在司法实践中造成了不应有的混乱。其中，最重要的就是混淆了地上权和永佃权之间的界限。建议废弃使用土地承包经营权、土地使用权等法律概念，建立完善的永佃权和地上权”。王艳西（2018）认为，当前的农地产权制度在追求“效率”的过程中，“共有私用”已事实上演变为“按份共有”，但“按份共有”与集体所有制在法理上存在冲突。因此，“为平衡这一冲突并贯彻落实‘承包关系稳定并长久不变’基本政策精神，我们提出应实行集体永佃制”。江眺（2003）认为，土地承包制所暴露出来的缺陷已经严重影响了我国农村土地制度的完善，因此，“应当借鉴罗马法上的永佃权制度，并结合我国的实际，来建立一种新型的农村土地法律制度”。

实际上，学界主张实行土地私有化是想让农民获得近似土地改革法曾经规定的权利，即农民所有制。在农民所有制中，农民享有完全意义上的土地所有权、占有权、使用权、收益权和处分权，国家和集体并不享有具体的土地产权。在他们看来，只有这样才能促使现有农村土地制度真正适应市场经济的要求。

若从更一般的角度来看，如何评判公有制？南斯拉夫经济学者有一些更好的思路。爱德华·卡德尔（1980）在论述到公有制实现形态时曾对静态公有制理论进行了批判："因此，我们还有那么一些超越时间和空间的人——这种人在政界和'说教科学界'都有——他们给自己提出了关于'真正的'和'非真正的'公有制的静止的学究式的公式，随后又虚张声势地唱高调，渲染我们的公有制关系的'不完善'……把公有制说成是某种静止的形式或教条，在理论上是站不住脚的。"他认为应当从社会运动的相互联系中来理解社会制度的变化："因此，应当从社会关系的运动中，而不是从他们的静止的形式中去观察和理解他们……也就是说，什么是过去遗留下来的，现在仍然活着并存在着，但今后将消逝的东西。"在他看来，公有制理论并不是一种静态的、教条的所有制理论，而是处于劳动者与生产资料结合方式不断变化中的所有制理论。对劳动者与生产资料结合方式而言，劳动者应当与生产资料采取直接结合的方式，这样才能形成激励相容的经济体制。伊万·马克西莫维奇（1982）指出，"南斯拉夫多数的经济学家和理论家把苏联类型的国家所有制列为初级的最不发达的公有制形式的范畴"。勃·霍尔瓦特（1971）认为，"国家所有制并不改变经典的（阶级的）所有制的本质，因为这种所有制包含着雇佣关系，它执行着统治阶级过去所执行的同样的职能"。在教条国家所有制体制下，由于劳动者仍然与生产资料处于相分离的状态，没有获得对生产资料的直接占有权，因此，劳动者实际上是处于一种"雇佣劳动者"的地位，而不是真正处于生产资料所有者的地位，该种激励机制的错位严重打击了劳动者从事社会生产的积极性。

第三节　一种尝试性的分析思路

公有制的一个核心理论命题是：生产资料与劳动者直接结合在一起，可以消除资本主义中二者相分离所带来的异化，从而激发出生产者发展社会生产力的巨大潜能。但是，实践中的公有制并没有实现这种理论预言，从而引出如何重构公有制形态的问题。如前面所述，南斯拉夫经济学家认为，国家所有制是公有制的低级形态，因为它没有解决生产资料与劳动者真正直接结合的问题。他们认为一种良好的公有制形态应该是"社会所有制"，即工人直接参与对企业的经营管理，这样才意味着劳动者与生产资料的直接结合。

实际上，国营企业与人民公社的公有制实现形态是相同的，它们都是一种激励相容较弱的公有制体制。在收入分配机制上，两者的生产收益剩余索取权都在国家手中，企业经营者和农户并不享有直接的生产收益剩余索取权。在权、责、利匹配程度上，国营企业和人民公社制度都没有形成高效的激励相容机制，"搭便车"都成为两者共同存在的问题。在产权预期层面上，两者的劳动者都与生产资料处于相分离的状态，劳动者并不能真切地感受到自己就是生产资料的主人，相反，他们更多地认为自己处于"打工者"的地位，所以这两种体制都无法充分调动劳动者从事社会生产的积极性。

相比较而言，中国的农村土地承包责任制实质上是公有制基础上劳动者与生产资料直接结合起来的一种形态。从它能够有效地激发农户的积极性的结果来看，我们可以把它称为激励相容较强的公有制形态。在这种公有制形态中，劳动者与生产资料实现了直接结合，权、责、利相统一的农地产权结构促使高效的激励相容机制得以形成。农民不再只将自己作为土地上的纯粹劳动者来看待，他们更多地将自己视为土地的主人，从而极力保护属于自己的财产。这不仅调动了农户从事农业生产的积极性，而且也进一步促进了农村经济的繁荣与发展。

杨春学教授（2017）曾指出："在理论上，对于各种形态的公有制，我们必须区分和研究两种具有实质性差异的形态：在一种形态中，每个人拥有一个明确的份额，实为'联合的公共所有'（Joint Ownership）；在另一种形态中，每个人都可以平等地利用但没有一个人拥有其中任何一部分。在前一种公有制形态中，物质或资源是由所有相关者'积极地'共同持有；而在后一种形态中，人们可能只是'消极地'共同所有。"故此，本书力图通过对激励相容较强的公有制和激励相容较弱的公有制的比较分析来对我国农村土地制度改革背后的经济体制选择进行概括，这样不仅能够有效弥补现有学界对农地制度改革前后实质性内容的遗漏，而且也能够为我国经济体制改革提供更为广阔的思路。

第四节 研究思路

一、对整体研究思路的梳理

如图 1-1 所示，总体来说本书是以我国农村土地制度变迁为主线索来展开论述的。我国农村土地制度先后经历了“土改”运动—人民公社制度—家庭联产承包责任制—“三权分置”制度四种经营形式。其中，与其相对应的农地产权结构则经历了农民所有制—“政社合一制”—“两权分离制”—“三权分置制”四种产权形态，从产权结构上看，它是一个分散—集中—分散的过程。抛开短暂出现的农民所有制不谈，人民公社制度是一种典型的激励相容较弱的公有制实现形态，与其类似的是我国国营企业制度。人民公社制度与国营企业制度均没有理顺收入分配关系，也没有形成高效的激励相容机制，两者的劳动者与生产资料无法实现直接结合，其最终结果只能走向改革。相比较之下，家庭联产承包责任制和“三权分置制度”是一种典型的激励相容较强的公有制形态。劳动者通过与生产资

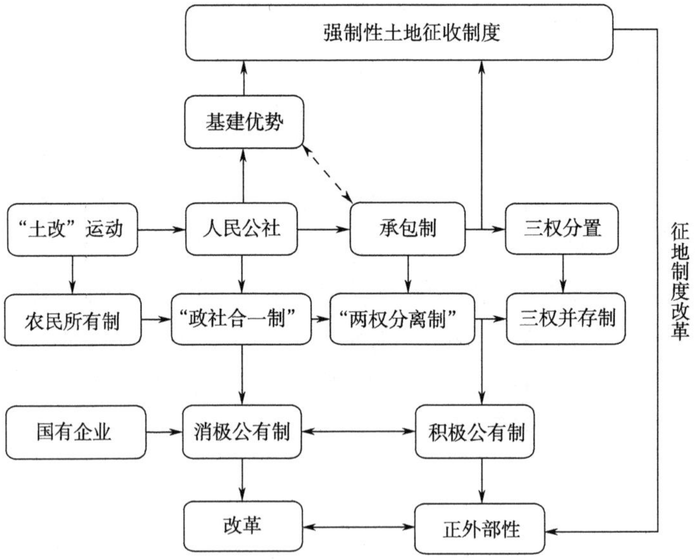

图 1-1 本书研究思路示意图

料直接相结合，集体和成员之间能够形成高效的激励相容机制，这种激励相容机制不仅能够促进农村土地制度的发展与完善，还进一步引起了社会经济的大革命。然而，凡事皆有两面性。虽然人民公社制度是一种激励相容较弱的公有制实现形态，但是，它在农田水利基本设施建设方面仍然显露出了巨大的优越性。相比之下，家庭联产承包责任制和“三权分置”制度却丧失掉了“集中力量干大事”的优越性，然而，即使人民公社制度存在这种优越性，这种优越性也无法弥补它在产权制度的具体安排上所存在的根本性缺陷。除此之外，无论是激励相容较强的公有制还是激励相容较弱的公有制，它们之中都存在一种土地制度的特例，即土地征收制度。土地征收制度作为一种土地制度特例对农民的生产生活造成了不同程度的影响。当然，就目前来说，强制性土地征收制度更多的是作为一种过渡形式存在的经济体制，随着农地制度改革的不断推进，这种制度终将面临被改革的局面。

实际上，激励相容较强的公有制和激励相容较弱的公有制的不同形态可以从产权理论方面进行更微观的比较。

首先，两者的权能结构不同。激励相容较强的公有制实行的是相对分散的产权结构，并且将权能的赋予与劳动的投入直接结合在一起。激励相容较弱的公有制实行的是高度集中的产权结构，劳动者不享有任何实际的生产资料权能。

其次，激励机制不同。激励相容较强的公有制形态的权、责、利状态是相统一的，“多劳多得、少劳少得、不劳不得”，收益分配机制与劳动投入相挂钩解决了“搭便车”的问题。而激励相容较弱的公有制的权、责、利状态是不对等的，激励机制的进一步扭曲打击了劳动者从事生产劳动的积极性，并产生了严重的“搭便车”问题。

最后，产权预期不同。激励相容较强的公有制通过产权的赋予可以增强人民群众对生产资料主人翁地位的认同感，而激励相容较弱的公有制则无法给予生产者足够的心理预期。在激励相容较弱的公有制模式下，劳动者将自己占有生产资料放在与国家占有生产资料相对立的位置上，这不仅与马克思经典公有制理论的设计初衷存在根本性的背离，而且在实践中也造成了严重的国有资产流失等现象。

具体来说，对于人民公社制度而言，其农地产权结构是一种伞状权利结构，所有的生产资料权能都集中于最高点，即伞尖的顶端。在伞尖顶端之下是构建起来的社会经济文化制度，这些制度随着中央向地方的过渡呈现出正金字塔的形状。然而，相较于权能高度集中于伞尖顶端，广泛存在于社会制度中的内部权能构造却是极其单一的。它们不享有对生产资料的任何实际权能，无论是管理部门，还是生产部门，都必须服从中央关于生产计划的指令。在这种“公有”产权结构中，私人产权完全得以消弭，留存下来的只有以行政权力为依托的“政企不分”等现象。在权、责、利匹配程度上，人民公社时期的权、责、利基本处于错位的状态。在权、责、利严重不对等的情形下，劳动者是否努力工作就变成了无关紧要的变量，他们无论是否劳动、劳动强度大小，都不会影响自己现有的收入分配，也无法改变自己担当责任替代者的角色。在产权预期方面，人民公社时期所有的土地权能集中在公社手里，劳动者不享有生产资料的实际权能，而是更多地将自己定位在纯粹劳动者的位置上。所以，以上一系列原因导致了人民公社时期的农地产权结构无法形成高效的激励相容机制，农户从事农业生产的积极性被严重打压，表现出一种典型的激励相容较弱的公有制形态。

对土地承包制而言，它的产权结构突破了“大一统”的激励相容较弱的公有制形式，其典型表征就是实行农地产权内部的“权能分离”。“权能分离”既保证了国家和集体对生产资料进行所有权控制，又保证了生产资料的其他权能被有效分散给各经济主体。土地承包制一改激励相容较弱的公有制中的伞状产权结构，转而实行扁平化的产权结构。在激励相容较强的公有制实现形态中，农村土地产权的核心——所有权——位于所有权能的中心，围绕在所有权周围的是各个具体的产权权能。这些产权权能存在于各个制度之中，并且相互之间没有高低贵贱之分。不同产权权能的排列组合能够达致不同的经济效率。作为产权核心的所有权人不能随便干预其他权能所有者行使权利，而其他权能所有者也不可能取代所有权人的位置成为合法所有权人。在权、责、利匹配程度上，土地承包制实行“交够国家的，留足集体的，剩下都是自己的”的直接分配体制，极大地增强了农民作为生产资料主人翁地位的认同感和自主权。在产权预期层面，在“包产到户”改革之后，我国先后确定了 15 年和 30 年的土地承包制度，这给予了劳动者十分稳定的产权预期，在增强农户主人翁心理的同时，也充分调动了他们从事农业生产的积极性。所以，经由上述分析可知，土地承包制是一种典型的激励相容较强的公有制实现形态，它促进了劳动者与生产资料的直接结合，形成了高效的激励相容机制。

相较于激励相容较弱的公有制形态来说，激励相容较强的公有制形态下的“包产到户”改革还不仅仅止步于农业经营方式的转变，它在促进农村经济大发展的同时，还引发了整个社会经济体制的大革命。随着农地制度改革的深入推进，农民的收入总量和财产构成出现了大松绑，农民在择业自由、城乡迁徙和身份权转换等人身权方面也同样出现了大松绑，人身权利与财产权利的变化引致了乡镇企业的繁荣和城乡之间大规模人口流动。虽然当前农民的人身权利松绑程度落后于其财产权利的松绑程度，但是，随着“三权分置”改革的推进，农民的人身权利与财产权利必将迎来第二次全面松绑。

总的来说，虽然人民公社制度是一种激励相容较弱的公有制实现形态，但是，它在兴修水利以及基本农田设施建设等方面也确实具有一定的优越性，这是土地承包制体制所无法比拟的。同样，土地承包责任制也不是完美无缺的，诞生于计划经济体制下的土地征收制度依然在发挥作用。而且，随着农户由“政治人”向“经济人”的转变，地方政府与被征地对象在土地征收问题上的矛盾也愈发突出。

二、研究方法

总体上说，本书主要采用的是比较研究方法与案例研究方法。通过对人民公社制度和土地承包制等案例进行产权结构的比较，对马克思主义公有制实现形态的不同方式进行比较，对农民人身权利与财产权利解放程度进行比较等，以期对经典公有制理论的设计初衷与具体实践之间的落差进行更为完整但又不失具象化的研究。

具体而言，本书主要采用了马克思经典公有制理论、公有制实现形态理论和产权理论三种理论进行交叉研究。在宏观层面，马克思、恩格斯等经典社会主义作家已经对公有制理论进行了详细的论述。经典公有制理论期望通过劳动者与生产资料的直接结合形成高效的激励相容机制，并促进公有制经济的平稳快速发展。若要引证马克思、恩格斯经典著作作为一个理论证据的话，也许这种形态是符合相关理论精神的，即：在协作和对土地及靠劳动本身生产的生产资料的共同占有基础上，重新建立个人所有制（马克思，1956）。在这种理论设计的指导下，无数社会主义理论继承者和实践者对其进行了发展与完善，这构成了本书所运用的公有制实现形态理论。然而，公有制实现形态理论中以苏联为代表的教条公有制理论与实践已经走向了失败，而以中国土地制度改革为代表的中国特色社会主义理论却走向了成功。相比较而言，前者是一种激励相容较弱的公有制实现形态，而后者是一种激励相容较强的公有制实现形态。

若将两种实现形态进行更为细致的分析的话，就形成了本书所采取的第三种方法，即现代产权理论。根据产权安排的不同，激励相容较强的公有制实现形态与激励相容较弱的公有制实现形态的主要区别体现在产权结构，权、责、利匹配程度和产权预期三个方面。其中，激励相容较强的公有制实现形态的产权安排形式如下：产权结构分散化，权、责、利匹配程度高，产权预期稳定，激励相容较强，并能克服“搭便车”现象和监督成本过高的问题。相比之下，激励相容较弱的公有制实现形态的产权安排形式如下：产权结构集中化，权、责、利匹配程度低，产权预期不稳定，激励相容较弱，“搭便车”现象和监督成本问题不能克服。

所以，在运用不同经济理论的基础上，本书对我国农地产权结构进行了全方面的分析，并对激励相容较强的公有制实现形态与激励相容较弱的公有制实现形态进行了更为系统的阐述，力求为我国农地制度改革树立更清晰的改革目标，构建更顺畅的实施路径。

三、可能的创新

若说本书有什么创新的话，笔者认为以下三点或许可以称之为创新之处。

第一，对激励相容较强的公有制实现形态与激励相容较弱的公有制实现形态的比较阐述。通过对我国农村土地产权制度进行系统的分析、归纳和总结，本书提出激励相容较强的公有制和激励相容较弱的公有制两种实现形态。其中，激励相容较强的公有制实现形态指的是在国家间接控制生产资料的前提下，通过产权赋予来增强劳动者的主人翁心理，并进一步调动他们从事社会生产积极性的经济体制。激励相容较强的公有制是一种“联合的公共所有”，家庭联产承包责任制和“三权分置”制度是激励相容较强的公有制实现形态。而相比之下，激励相容较弱的公有制实现形态指的是国家通过对生产资料权能进行直接控制，弱化市场价格机制和权责利匹配制度，以此来虚化劳动者的经济地位，弱化他们作为主人翁心理的一种经济体制。激励相容较弱的公有制是一种教条式公有制模式，人民公社制度和传统国营企业制度就是激励相容较弱的公有制实现形态。

第二，对“包产到户”改革引起的社会经济制度革命的演化逻辑进行的阐述。“包产到户”改革并不仅仅是土地经营方式的变化，它也引起了整个社会经济体制的大革命。在“包产到户”改革之后，农民的人身权利和财产权利得以真正松绑。对农民的财产权利松绑来说，在农业生产方式、农民的收入总量和构成、农民的生活方式以及乡镇企业共同发展的前提下，农民的财产权利得以重构。农民财产权利的率先松绑引起了农民身份权利的进一步松绑，人口迁徙、农民的身份转换以及新的农村社会分层不断发展演化。然而，若将整个过程进一步细分的话，它可以划分为两个阶段。第一个阶段是“土地改革—社会变革”的前期制度演变路径。此时的财产权利松绑与人身权利松绑相辅相成、共同发展，财产权利的松绑发挥了第一梯队的作用，并直接引致了农民身份权利作为第二梯队的进一步解放。第二个阶段是“社会变革—土地改革”的后期制度演变路径。此时，农民财产权利的松绑程度已经明显高于人身权利的松绑程度，农民对财产权利的追求倒逼人身权利必须进行改革，并最终引致了当前的“三权分置”土地制度改革。“三权分置”改革是以率先松绑人身权利为突破口的，可以预见的是，它必将引起农民人身权利和财产权利的第二次大松绑。

第三，研究方法上的创新。本书综合了马克思经典公有制理论、公有制实现形态理论和产权理论三种理论，并将其划分为宏观和微观两个层面展开讨论。通过产权理论对农村土地制度的微观分析，来印证公有制实现形态理论的普适性以及在我国的实践发展，在此基础上，最终反映马克思经典公有制理论的设计初衷。研究方法上的创新弥补了经典公有制理论在分析微观土地产权结构上的不足，也弥补了产权理论在分析我国农地制度时无法与我国公有制经济体制相结合的缺陷。

第二章

人民公社：一种激励相容较弱的公有制形态

人民公社制度作为中国共产党对马克思经典公有制理论的大胆尝试，它体现了以毛泽东同志为核心的党中央对实现共产主义的决心和毅力。然而，遗憾的是，人民公社制度在实行了 20 年之后，以“政社合一”为依据的“三级所有、队为基础”的农地经营体制最终走向了改革。在人民公社制度建立与发展的整个过程中，经典公有制理论的具体制度构建不仅体现了上层建筑与具体经济发展之间的矛盾，也体现了“形而上”的理论设计与具体制度构建之间的矛盾二重性。总的来说，人民公社制度走向被替代并不是一件偶然的事情，它是农地产权结构模糊、管理体制混乱以及生产资料占有结合形式相背离等多种因素相互作用的必然结果。

第一节　土地改革运动与农民所有制

一、土地改革运动简史

自中国共产党成立以来，针对农村土地制度的改革一直不曾停止。1927—1937 年期间，我国各个根据地先后颁布土地法令，废除封建土地所有制，将地主、富农和富余的土地无偿分配给贫苦农民。其间，革命根据地基本上形成了一套比较完整的土地政策，即依靠贫农、雇农，联合中农，限制富农，保护中小工商业者，消灭地主阶级，变封建半封建的土地所有制为农民的土地所有制。1937—1946 年，共产党为了联合地主阶级共同抗日，在农村土地政策上采取了一定的让步，将“耕者有其田”政策改变为“减租减息”的政策。这在一定程度上照顾了地主阶级的利益，充分调动了他们参与抗战的积极性。

抗日战争胜利后，1946 年 5 月 4 日，刘少奇在延安主持召开中共中央会议，毛泽东、任弼时、邓子恢、薄一波等人参加了会议，会议通过了由胡乔木起草完成的《关于土地问题的指示》（即“五四指示”），提出“在广大群众要求下，我党应坚决拥护群众在反奸、清算、减租、减息、退租、退息等斗争中，从地主手中获得土地，实现‘耕者有其田’”。在此之后，我国农村地区的土地改革运动逐渐在根据地开展起来。1947 年 10 月 10 日，全国土地会议审议并通过了《中国土地法大纲》。《中国土地法大纲》是继“五四指示”之后的又一个关于农村土地改革的重要文件，它标志着我国土地改革运动正式走向高潮。《中国土地法大纲》是第一个旨在完全消除封建剥削、建立“平均地权”的土地政策。《中国土地法大纲》明确规定，“废除封建性及半封建性剥削的土地制度，实行耕者有其田的土地制度”；“废除一切地主的土地所有权”；“废除一切乡村中在土地制度改革以前的债务”。

新中国成立之后，1950年6月28日，中央政府第八次会议审议通过了《土地改革法》，并在6月30日由毛主席签发主席令予以公布。《土地改革法》是新中国第一部关于农村土地方面的正式法律规定，也是对我国土地改革运动实施多年以来系统性的经验总结。虽然《中国土地法大纲》与《土地改革法》在内容上一脉相承，但是，《土地改革法》也对《中国土地法大纲》中一些不适宜的土地政策进行了如下调整。

第一，对没收地主财产的范围进行限制。《中国土地法大纲》规定，“乡村农会接收地主的牲畜、农具、房屋、粮食及其他财产”，而《土地改革法》则规定，“地主的其他财产不予没收”。相较于《中国土地法大纲》，《土地改革法》对明确规定的地主财产之外，其他金银财宝等“底财”不再予以没收。

第二，转变了对富农的态度。1947年的《中国土地法大纲》规定，“征收富农的上述财产的多余部分分给缺乏这些财产的农民及其他贫民”；而《土地改革法》却对富农的态度进行了转变，其规定，“保护富农所有自耕和雇人耕种的土地及其他财产，不得侵犯”。相较于《中国土地法大纲》，《土地改革法》对富农采取了较为缓和的态度。

第三，放弃了绝对平均分配制度。在土地分配上，《中国土地法大纲》规定要对农村土地“按乡村全部人口，不分男女老幼，统一平均分配，在土地数量上抽多补少，质量上抽肥补瘦”。但是，《土地改革法》不再追求绝对平均分配土地的目标，而是规定，“中农（包括富裕中农在内）的土地及其他财产，不得侵犯”；“在原耕基础上分配土地时，原耕农民自有的土地不得抽出分配”。

经过数十年的土地改革运动，新中国改变了封建社会实行的几千年极不合理的土地剥削制度。在封建社会时期，地主和富农的人口数量占农村总人口不到10%，却占有了农村社会70%的耕地资源。相比之下，贫农、雇农和中农所占农村人口超过了90%，但他们却只享有不到30%的耕地资源。这种土地生产资料占有形式的失衡导致了十分严重的土地剥削情况，继而进一步造成了长期的贫困与落后。在1952年底，随着土地改革运动逐渐完成，全国大约有三亿无地和少地的农民无偿地获得了七亿亩土地和其他生产资料，免除了每年向地主缴纳的大约700亿斤粮食的苛重地租（国家统计局，1959）。这不仅极大地调动了农民从事农业生产的积极性，更意味着统治我国几千年的封建剥削制度正式走向灭亡。

二、农民所有制：党与农民“契约”的实现

通过“打土豪、分田地”的“土改”运动，在新中国成立之初，我国确立了以土地私有制为基础的农村土地产权制度。《土地改革法》第三十条明确规定，“土地改革完成后，由人民政府发给土地所有证，并承认一切土地所有者自由经营、买卖及出租其土地的权利”。土地所有权证的颁布是我国农村土地实行个人所有制的典型标志，此时的农民享有比较完整的土地所有权。在国家政策出台之后，各地人民政府也相继颁发了“土地房产所有证”，“土地房产所有证”明确写道：本证所列土地房产，“作为本户全家、个人私有产业，有耕种、居住、典卖、转让、赠与等完全自由，任何人不得侵犯”（周山，2010）。可见，不同于后来我国实行的土地集体所有制，在1951年土地改革完成后，我国实行了较短时间的农村土地私有制。此时，国家权力并未过度介入农村土地制度，《土地改革法》规定有权力对农村土地进行“统一地、公平合理地分配”的主体是“乡农民协会”，调整土地制度的合法执行机关是乡村农民大会。从产权结构来说，此时的农地产权是十分清晰的。农民享有完全意义上的土地所有权、占有权、使用权、收益权和处分权。集体经济组织并不存在，互助组和合作社等社区组织也并未大量普及。

对农民所有制的确立而言，学界对此多有论述。如周其仁（2004）认为，土地所有权的获得方式有三种：一是通过长期的自由交易而自然形成的所有权形式；二是通过国家对土地交易市场进行某种限制而获得的产权；三是经由国家强制性的制度安排来获得产权——它并不经过市场，而是通过政治斗争获得的。这三种产权类型的强度是逐渐弱化的：第一种方式下，农民对土地产权有完全的讨价还价能力；第二种方式下，农民对土地产权的讨价还价会受到一定的限制；而最后一种情形下农民几乎不存在讨价还价的能力。由于“土改运动”中，农民的土地权利不是靠自己争取的，而是靠国家的政治力量通过“打土豪、分田地”的形式获取的，因此，在农民所有制确立的初期，我国农民已经丧失了与国家讨价还价的能

力，农民的所有权已经处于相对残缺的地位。不得不说，周其仁教授的论述一针见血地指出了我国农村土地产权残缺的发生机制，但是，他也不可避免地忽视了在“土改”运动之前农民与共产党的契约关系，以及农民为获得土地所有权所付出的巨大代价。

实际上，土地改革运动背后所体现的不仅仅是中国共产党通过政治手段来赋予农民土地产权的过程，更是广大农民跟着中国共产党在北伐战争、抗日战争以及解放战争中，通过将生命与未来交托在共产党手中，从而获得的一纸享有预期收益的“契约”证书的过程。为了新中国的建立，无数农民同胞甘愿冒着枪林弹雨也要为战士们运送粮食和子弹。在淮海战役中，为了保障解放军具有充足的后勤补给，解放区的广大农民群众纷纷使用自家的小推车帮助解放军向前线运送棉被和粮食等。陈毅在讲到淮海战役时，无不感慨地说：“淮海战役的胜利，是人民群众用小车推出来的。”这句话足以证明当时的农民群众对共产党的信任、爱戴以及无限的期望。

然而，农民所有制虽然调动了农民生产的积极性，但它也不可避免地存在一定的局限性。其一，农民所有制必然存在小农经营问题。“均田制”使得农村土地在一定程度上丧失了规模化经营的优越性。在农业生产力十分落后的条件下，由于单家独户的农地经营模式无法实现对大型农具的集约使用，它往往会在一定程度上制约农村经济的发展。其二，为了实现共产主义，中央政府对单家独户的个体经济进行了严格的规模限制。在第一个“五年”计划中，国家为了实现对资本主义的社会主义改造，小农经营模式问题便成为改革的重中之重。通过在不同家庭之间进行生产资料的联合和劳动力的联合，互助组与合作社制度逐渐兴盛发展起来。而农民所有制在建立后不久，即被高级合作社和人民公社制度所代替。

第二节　走向人民公社

在人民公社运动正式开展之前，我国农业生产总值、农民收入以及粮食总产量等方面已经发生了翻天覆地的变化。根据国家统计局的统计，农业生产总值在 1949 年只有 325.9 亿元，到 1958 年已经增长到 671.0 亿元。粮食产量从 1949 年的 2 162 亿斤增长到 1958 年的 5 000 亿斤。粮食产量从 1949 年的平均每亩 142 斤增加到 1958 年的平均每亩 275 斤，亩均粮食产量呈现翻倍递增的趋势。1958 年的农民人均收入相比较于 1952 年增加了 42.9%。耕地面积从 1949 年的 146 822 万亩增加到 1958 年的 161 680 万亩，农田水利灌溉面积由 1949 年的 8.4 亿亩增加到 1958 年的 10.0 亿亩，水土保持初步控制面积由 1953 年、1954 年、1955 年三年平均 78 310 平方公里增加到 1958 年的 318 720 平方公里，农业拖拉机数量从 1949 年的 401 台增加到 1958 年的 45 330 台。可见，从解放之后到人民公社制度建立的十年时间里，我国农村、农民和农业事业的发展呈现出欣欣向荣、日新月异的态势。

一、处于制度耦合状态的互助组和初级社时期

在社会主义农业建设取得巨大发展的同时，我国农地经营体制也在发生着剧烈的变革。在 1949 年到 1958 年的十年时间里，我国农村土地制度经历了农民所有制——互助组——初级社——高级社——人民公社等五种经营体制的变化。为进一步提高农民农业生产的积极性，1951 年 9 月，中共中央通过了《关于农业生产互助合作的决议（草案）》，提出要在农村土地私有制的基础上开展互助组和土地合作社工作的意见。此时的互助组和合作社是一种简单的生产资料联合，在农忙时，各家将生产工具结合起来进行农业生产；在农闲时，各家的生产工具仍归自己所有。正如该决议（草案）中所述，“这还是在土地私有或半私有基础上的农业生产合作社。用土地入股同样地是根据自愿和互利的原则，并可以根据自愿的原则退股”。

1955 年 11 月 9 日，全国人民代表大会常务委员会第二十四次会议通过了《农业生产合作社示范章程（草案）》（简称《章程（草案）》），规定初级社时期的农地产权安排仍坚持“土地所有权归农”的政策，“在一定的期间还保留社员的所有权”。在具体产权的安排上，初级社时期农民将土地的使用权让渡给初级社，由初级社统一行使，而农民则保留了对土地的占有权、收益权和处分权；《章程（草案）》第十八条规定，“在农业生产合作社的初级阶段，合作社按照社员入社土地的数量和质量，从每年的收入中付给社员以适当的报酬”。社员（农民）可以将土地所有权以出卖、赠与等方式进行转让。1955 年 10 月 5 日颁布的《民法总则草稿》（第一稿）第十九条规定：“国家机关、群众团体、社会组织、合作社、企业、学校、医院等以自己的名义取得民事权利和负担民事义务，并在法院应诉的公私组织都是法人。”由上可知，《民法总则草稿》（第一稿）明确

将合作社纳入了法人的范畴（何勤华等，2002）。由于《章程（草案）》第十五条规定，“社员退社的时候，可以带走还属于他私人所有的生产资料，可以抽回他所交纳的股份基金和他的投资”，所以，该“法人”还是一个“开放性”法人组织。

在互助组和初级社时期，各个家庭之间并不是十分固定的产权合作组织，宽松的制度约束环境以及对生产工具的集约使用极大地调动了农民从事农业生产的积极性。在此，我们不妨通过一组数据来更为直观地感受农民对于互助社和初级社的热情。在 1950 年，参加互助合作组织的农户数量为 1 131. 3 万户，然而到 1955 年，参加互助合作组织的农户数量已经增加到了 7 731. 0 万户，五年时间里参加农业合作组织的农户净增加 6 599. 7 万户，农户参与合作组织的年均增长率约为百分之八十。从所占比重来看，自 1950 年到 1955 年，参与互助合作组织的农户占全国总农户的比重由 10. 7%增加到 64. 9%；其中，参与互助组的农户比重由 1950 年的 10. 7%增加到 1955 年的 50. 7%，参与初级社的农户比重由 1952 年的 0. 1%增加到 1955 年的 14. 2%（国家统计局，1959）。不同于高级社和人民公社时期入社的情况，互助组和初级社是本着自愿的原则鼓励农户加入合作组织的，这极大地调动了当时农民参与合作组织的积极性。

二、处于政策过渡状态的高级合作社时期

1956 年 6 月颁布的《高级农业生产合作社示范章程》（以下简称《章程》）规定，“高级社的农民必须把私有的土地和耕畜、大型农具等主要生产资料转为合作社集体所有”，其标志着我国农村土地制度开始由土地私有制转变为集体所有制。在高级社制度下，农村土地的产权结构仍然是清晰的：从政治定性上说，高级社是社会主义集体经济组织；从法律定性上说，高级社是“按份共有”的土地股份合作制组织。农户可以将单个私有土地作为“股权”加入集体。当时的农业部部长廖鲁言（1956）在受国务院委托向全国人民代表大会就该法律进行立法草案说明时强调，“对于社员的土地，不采取作价收买的办法……不赞成土地作价入社”；并且，社员有入社和退社的自由，“如果他不愿意入社，合作社应该把原有的土地或者同等数量和质量的土地退给他”；“社员退社的时候，可以带走他入社的土地或者同等数量和质量的土地，可以抽回他所交纳的股份基金和他

的投资”。

高级社在建立初期得到了迅速的发展，原先广泛存在的互助组和初级社等组织被大量撤销，高级社几乎在一夜之间建立起来。1956 年，有 11 782 万户农户参与了农业合作组织，相较于 1955 年增长了 52.4%。其中，高级社成员从 1955 年的 4.0 万户骤然剧增到 1956 年的 10 742.2 万户，初级社从 1955 年的 1 688.1 万户下降为 1956 年的 1 040.7 万户，互助组则从 1955 年的 6 038.9 个骤降为 0。在所占比重方面，参与互助组的农户数量占全国总农户的比重由 1955 年的 64.9%增长到 1956 年的 96.3%；其中，高级社所占的比重从 1955 年的 0%增长到 1956 年的 87.8%，初级社从 1955 年的 14.2%下降到 1956 年的 8.5%，互助组则从 1955 年的 50.7%下降为 1956 年的 0%（国家统计局，1959）。

然而，高级社的建立并没有顺应农业生产力发展的变革，相反，由于高级社的上层制度设计与实际制度需求之间存在失衡，它并没有充分调动农民入社的积极性，在高级社发展后期，各地出现了大量社员退出合作社的情况。资料显示，1956 年加入高级社的农户达到农户总数的 87.8%，1957 年加入高级社的农户达到农户总数的 96.2%，但从 1956 年秋冬开始到 1957 年春夏，全国各地出现了农户退社事件（农业合作制编辑室，2002）。从 1956 年 10 月开始，粤、豫、皖、浙、赣、陕、冀、辽等省相继发生部分农民要求退社的风潮，退社户约占社员户数的 1%～5%，要求退社者更多（何友良，1997）。大范围的退社风潮引起中央领导层的高度重视，在中央坚持走集体主义道路的决策下，为了防止右倾现象的继续扩散，中央决定在农村集体建设上开展人民公社化运动，在政治思想上开展大范围的社会主义教育运动。

三、处于制度冲突状态的人民公社时期

1958 年 8 月，我国通过了《关于在农村建立人民公社问题的决议》。该决议指出，“成立人民公社是形势发展的必然趋势”，是“提前建成社会主义并逐步过渡到共产主义所必须采取的基本方向”。会后，全国各地迅速开展了人民公社化运动。据统计，到 1958 年底，全国农村共有人民公社 23 384 个，参加的农户占总农户数的 90.4%，平均每社 4 797 户，基本实现了人民公社化（当代农业合作社，1992）。随着人民公社化运动的展开，我国“劳动群众集体所有，集中统一经营”的土地产权制度随后又经

历了“三级所有、社为基础”，“三级所有、大队为基础”和“三级所有、小队为基础”的三个具体制度演变过程。

第一，“三级所有、社为基础”阶段。1958年9月4日，《人民日报》全文刊发了经毛泽东同志亲自修改的《嵖岈山卫星人民公社简章草案》。该草案规定：各个农业社合并为公社……应将包括土地在内的一切公有财产交给公社，多者不退，少者不补。在已经基本上实现了生产资料公有化的基础上，社员转入公社，应该交出自留地，并且将私有的房基、牲畜、林木等生产资料转为全社公有。作为后来人民公社发展的样板，“三级所有、社为基础”的农地产权制度自此得以形成。

第二，“三级所有、大队为基础”阶段。1959年2月，“第二次郑州会议”召开，毛泽东同志提出了建设人民公社的十四句话方针，“统一领导，队为基础；分级管理，权力下放；三级核算，各计盈亏；分配计划，由社决定；适当积累，合理调剂；物资劳动，等价交换；按劳分配，承认差别”（中共中央文献研究室，1996）。1961年6月15日，中共中央将《农村人民公社工作条例修正草案》发给全国讨论试行，该修正草案明确指出，“公社在经济上，是各生产大队的联合组织。生产大队是基本核算单位”。至此，农地产权制度便由“三级所有、社为基础”转变为“三级所有，队（生产大队）为基础”。

第三，“三级所有、小队为基础”阶段。1962年6月，中共中央对农业“六十条”再一次进行了修订，形成了《农村人民公社工作条例修正草案》。该草案第二十条明确规定：生产队是人民公社的基本核算单位。它实行独立核算，自负盈亏（国家农业委员会办公厅，1981）。1962年9月27日，党的八届十中全会上通过的《中共中央关于进一步巩固人民公社集体经济、发展农业生产的决定》，肯定了以生产队为基本核算单位至少30年不变的农村土地政策（胡穗，2007）。至此，农村土地产权制度便由“三级所有、队（生产大队）为基础”转变为“三级所有、队（生产小队）为基础”（见表2-1）。

表2-1 新中国农村土地产权变迁（1951—1978年）

产权状态	初级社	高级社	人民公社
土地所有制状态	私有公用	共有公用	公有公用

续表

产权状态	初级社	高级社	人民公社
土地经营权形态	初级社内成员共用	高级社内成员共用	三级所有 三级共用
“集体所有”性质	开放性法人	按份共有	成员所有制

除了农村土地制度之外，在农村商品流通领域和基层政权组织领域，人民公社制度也设立了与之相配套的其他制度。在商品流通领域，1953 年 10 月 2 日，毛泽东同志主持中央政治局扩大会议，听取了陈云关于粮食计划收购的建议；10 月 16 日，中共中央政治局讨论通过了《中共中央关于实行粮食的计划收购与计划供应的决议》，该决议规定，“所有收购量和供应量，收购标准和供应标准，收购价格和供应价格等，都必须由中央统一规定或经中央批准”。统派购制度的确立不仅奠定了计划经济实施的基础，同时也被人民公社制度正式吸纳，成为当时控制粮食供应和销售的主要手段。《嵖岈山卫星人民公社试行简章（草案）》规定，“公社按照乡的范围建立，一乡一社。为了便利工作，实行乡社结合，乡人民代表大会代表兼任公社社员代表大会代表，乡人民委员会委员兼任公社管理委员会委员，乡长兼任社长，副乡长兼任副社长，公社管理委员会的办事机构与乡人民委员会的办事机构合一”。由此可见，人民公社不仅是管理基层政权的政治组织，而且也是制定生产计划和粮食分配方案的经济组织。

在“三级所有、小队为基础”的制度结构确定之后，一直延续到 1982 年农业一号文件颁布，这期间的人民公社制度没有再出现较大的土地产权调整。自此，伴随着“政社合一”基层政治经济组织的形成，以及“统购统销”商品供应体制的确定，产权高度集中的人民公社制度便正式开始了其长达二十年的实践之旅。

就人民公社制度的实施初衷而言，中央政府本是想通过劳动者与生产资料直接结合的形式来消除农民个体所有制的局限，充分调动农民的积极性，从而建立起激励相容较强的公有制实现形态，但实践结果却证明，它最终演变成一种激励相容较弱的公有制形式，未能实现制度设计的初衷。

第三节 “三级所有、队为基础”产权制度安排的缺陷

自我国确立“三级所有、队为基础”的人民公社体制之后，农村土地的产权结构已然趋于稳定。从经济体制角度来说，“三级所有、三级管理”的体制是清晰的，然而在具体产权划分方面，清晰的土地产权结构却在内部权能划分上呈现出内在模糊性。这种内部产权结构的模糊性继而引发了一系列其他问题，并最终导致了人民公社制度未达到预期效果。

一、人民公社制度内部产权结构的模糊性分析

人民公社制度内部产权结构的模糊性可以从社员、集体和国家三个产权主体的权能展开讨论，正是由于他们之间权、责、利程度的不匹配，才最终导致了一系列人民公社制度失灵问题的产生。

对社员来说，社员不享有具体的土地权能，他们只是普通的劳动者。从农村土地产权中的占有、使用、收益、处分四个权能来说，农民不享有任何一方面的权益。在占有权方面，虽然社员每天都需要参加劳动，但是他们并不直接享有农村土地的占有权，也无法享有具体某块土地的使用权。社员虽然可以通过参加劳动来获取一定的报酬，但是劳动和报酬之间并不是直接的分配关系，而是一种二次分配关系。在处分权方面，社员在入社时将所有的生产资料交给人民公社之后，他们就失去了对原有财产的支配权，有关土地的任何土地处分行为都由集体决定。受到公有制经济体制的影响，本集体的任何单个成员（社员）都不能主张享有集体土地的任何权能。人民公社时期，社员产权地位的虚化造成的一个最显著后果就是农民从事农业生产积极性的降低。

“政社合一”的基层治理结构决定了生产队不仅是最基本的经济核算单位，还承担了政治保障的功能。在干部任免方面，村庄领导主要由上级政府任命或委派，代表党和国家领导实现对农村社会的管理（卢福营，2008）。控制“抽象的集体”并行使所有权的是国家委派的干部和管理者，而不是村民通过协商，或者签订合同来统一行使集体所有权。社员不仅没有入社的选择权，也没有退社的自由。在资格准入方面，人民公社对社员采取了允许“全面入社”的政策，但退社的时候社员却无权要求分割任何

公社的财产。在私人的生产资料上缴集体之后，该财产与自己再无瓜葛，退社时也无“退出权”①。这种“公私”混合的体制使得人民公社时期的“集体”根本无法进行私法定性，也就是说，社员与社员之间、社员与小队之间的土地产权划分是十分模糊的。由于占有农村土地的最基层单位是生产小队而非农民，因此农民在农业生产中的分工十分模糊，农业生产效率十分低下。

对国家来说，中央政府对农村土地制度安排采取的是直接干预的方式。虽然农村土地的具体生产从表面来看是由生产队负责的，但是，农村土地上的经营计划却是公社制定的。农地经营方式与内容作为农业生产最主要的部分，它对农业生产的效率至关重要，但是，由于生产队在这个问题上并没有决定权，因此粮食产量十分低下。受计划经济体制的影响，人民公社时期的农村实行“穷过渡”的声音一度占据上风。然而，由于当时人民公社制定的决定与实际的农地经营需求不一定相符，因此，许多农民只是顺从人民公社做出的农业经营计划和决定。人民公社内部的农地产权结构呈现出一种十分模糊的局面。在人民公社制度中，经典公有制理论下的劳动者与生产资料直接结合的构想被两者相分离所代替。由于直接从事农业生产的是农民，而直接占有农业生产资料、制定农业生产计划、进行农业生产管理和分配农业生产收益的却是人民公社，因此农民与人民公社之间产生了激励不相容问题。更严重的是，这种激励不相容问题通过土地产权系统进一步将其不利影响蔓延至整个人民公社制度的全部生态。

二、人民公社激励不相容机制的内在逻辑

人民公社体制走向终结的根本原因在于农地产权的模糊化。模糊的农地产权产生了十分高昂的交易成本，这又延伸为以行政权力指导制度经营所产生的外部交易成本以及由产权界定不清而引发的内部交易成本两个方面。

① 《嵖岈山卫星人民公社试行简章（草案）》规定，“年满十六周岁的公民都可以入社做正式社员。对于过去的地主、富农、反革命分子以及其他被剥夺了政治权利的人，允许他们入社做非正式社员”；“将一切公有财产交给公社，多者不退，少者不补”；“社员转入公社，应该交出全部自留地，并且将私有的房基、牲畜、林木等生产资料转为全社公有”；“迁出和死亡的，也不能抽走股份基金”。

其一，以行政权力指导制度经营所产生的外部交易成本指的是国家用行政权力不当干预农地经营，从而造成的生产关系扭曲的状况。人民公社时期的农地经营形式是生产队在公社和大队的领导下进行农业生产的模式，公社为每年的农业生产制定了详细的生产计划，而后，生产大队再将公社的生产计划进行细分，最后交由生产队进行农业生产。在这三者的关系中，不仅农民成为行政命令的附属品，生产队也缺乏农业生产的决定权。生产什么、怎么生产、生产多少，这本是与农民关系最密切的事情，而在人民公社体制下，这些事情却变得与农民个体关系不大。由于生产队不享有农业生产的决策制定权，因此在农业经营者和管理者之间产生了巨大的信息不对称问题。公社不知道具体土地的土壤性质，以及是适合种玉米，还是适合种棉，这就使得人民公社时期许多农业生产决策是“拍脑袋”想出来的，并不符合农业生产的实际，产生了严重的“瞎指挥”问题。

黄宗智（2002）对长三角地区的农业生产的研究表明，人民公社时期的党政机关自上而下决定了该地区的农业生产方式以及作物。在行政命令指导农业生产的背后是巨大的外部交易成本，且在计划体制下，外部交易成本根本无法被“集体”内部化。

其二，对内部交易成本而言，它主要指的是由农地产权模糊所引发的分配机制扭曲，并由此导致激励不足、监督成本过高以及“搭便车”等问题。学界对人民公社体制终止的原因有多种解释，如林毅夫（2005）通过构建生产激励和监督函数指出，集体所有制生产队模式监督成本过高导致生产队的整体监督水平很低。而家庭联产承包责任制能够克服集体农业生产中有效监督不足的情况，使得生产队员的积极性能够被有效激励，所以才能在短时间内迅速普及开来。姚洋（2000）在分析我国农村土地产权制度的演变时指出，公平、效率和社会稳定在推动农地产权制度变迁时起了主要作用。

本书认为，无论是激励机制的问题还是监督机制的问题，其根本原因都在于人民公社时期私人产权模糊以及分配机制扭曲所造成的系统性问题。我们在前文已经对人民公社时期的产权结构特征进行过论述，人民公社体制下的公有制经济体制要求享有农地产权的最小单位是生产队而非公社社员，这就造成了一个自相矛盾的局面：一方面，生产队并不具有直接从事农业生产的能力，但却享有生产资料的所有权；另一方面，社员需要参加农业生产，却不享有直接的生产资料所有权。这种权能不对等的局面产生了巨大的“委托—代理”问题。从公有制性质来说，生产队作为人民公社时期的基层经济组织，它代表了社员从事农业生产的经济利益。从理论上讲，社员是“委托—代理”关系中的委托人，生产队是“委托—代理”关系中的代理人。但是，现实情况却恰好相反，委托人不享有生产资料的所有权，反而是代理人享有土地等生产资料的所有权。刘庆乐（2010）将这种“委托—代理”关系区分为自上而下的现实式“委托—代理”关系与自下而上的表达式“委托—代理”关系。这种异化的产权关系产生了严重的内部问题，即社员最初享有土地权利的事实被虚化。

社员权利地位的“虚化”和生产队地位的“实化”在很大程度上受到了国家体制的影响，然而这种建立在行政权力安排上的产权结构却无法代替“个人—组织”之间的事实联系。也就是说，生产队享有生产资料所有权并不必然代表社员的作用是可有可无的。相反，生产队必须尊重社员的现实存在性，否则，原先建立的相对稳定的产权结构必定发生动摇。那么，如何在保证生产队最大化地享有生产资料所有权的同时，又“体现”社员的劳动者地位？此时，平均分配制度就被视为最有效的做法。平均分配制度使得每个社员完全平均地享有一定的土地收益权，但又不享有农业生产利润剩余的索取权，这极大地弱化了社员经济权利进一步突变的可能性。

在人民公社时期，粮食分配制度主要分为两种形式，一种是口粮制，一种是工分制。口粮制指的是按人头划分的粮食分配方式，无论大人、小孩、老弱妇孺都有资格领取属于自己的一份口粮。工分制则指的是各个家庭根据劳力多少来参加劳动，并挣取一定的工分，以此作为粮食分配的标准。在人民公社体制下，口粮制和工分制是同时实行的。根据工分的计算方法不同，口粮制又可以分为底分、死分死记、死分活评以及大寨式工分等四种形式。在口粮制和工分制并存的前提下，粮食的最终分配出现了严重的不匹配局面。根据张乐天对 1962—1968 年浙北陈家场生产队粮食分配按劳按需（口）情况的统计（见表 2-2），口粮制在农民收入分配中近乎占有全部比重。这种以平均分配为基本理念的分配方式大大压缩了工分制的按劳分配空间，极大地削弱了农民从事农业生产的积极性。一位社员回忆当时的分配制度时曾说，“当时的分配方式是不公平的，劳力多的养劳力少的，一年到头出工却比他们（仅）多分一点粮食，所以我们不愿出工”；“大家都不愿干活，你一个人多干活，就等于养活全队60口人吃饭，谁愿意吃这个亏”；“不出工是不行的，大家要是都不出工，就要挨饿了，再说队里有规定，要是一个劳力出工少于平均天数，就要扣掉基本粮。既然非出工不可，只好跟着混”（温铁军，2000）。

表2-2　1962—1968年浙北陈家场生产队粮食分配情况表①　单位：斤

年份	分粮合计（斤）	按需（口）分配（斤）	占比（%）	按劳分配（斤）	占比（%）
1962	91 787	43 205	47.1	43 672	47.5
1963	88 373	30 768	34.8	48 242	54.6
1964	89 060	60 972	68.5	21 483	24.1
1965	102 115	66 162	64.8	26 908	26.4
1966	105 878	68 998	65.2	22 454	21.2
1967	96 075	63 607	66.2	25 824	26.9
1968	109 035	131 390	92.9	2 831	2.6

从新制度经济学理论来看，人民公社时期双轨制的分配方式存在着严重的“搭便车”问题。当口粮制所占的收入分配比重越来越大时，按劳分配的“工分制”所占比重就变得越来越小。在正向激励机制无法取得有效成果的前提下，人民公社制度只能诉诸严格的监督体制。然而，监督体制的构建和实施都是需要额外成本的，当“出工不出力”成为一种极其普遍的社会现象时，有效监督所要付出的成本也将趋于无穷大。此时，人民公社体制下的监督体制根本无法完全解决社员劳动中的偷懒现象。在正向激励机制和监督体制双重失效的前提下，整个人民公社的经济运行必定走向僵化和衰败。

实际上，抛开国家实行的计划经济体制不言，在人民公社时期，仅仅是体制方面的原因所造成的内部交易成本和租值耗散已经达到了十分惊人的地步；虽然这种生产方式付出了高昂的交易成本，但却只在一个极低的生产力水平上达到了均衡。

① 资料来源：张乐天：《告别理想——人民公社制度研究》，上海人民出版社，2005年版，第79页。

第四节　存在于边缘状态的非正式制度案例

在人民公社时期，国家对经济体制的运行保持了强力的控制，“三级所有、队为基础”的农地产权结构得到强有力的贯彻。然而，人民公社制度带来的农业生产的低效率使广大农村经济发展缓慢，不少地方的农民甚至无法解决温饱问题。从官方统计数据来看，在1958年到1978年的二十年时间里，我国农业平均增长水平约为1.9%，在1976年和1977年甚至还出现了农业生产率水平的负增长（吴成峡等，2017）。在此情况下，许多“打擦边球”的智慧便被发掘出来，并演化出许多非正式制度以规避正式制度的辖制。

一、自留地制度

严格来讲，自留地制度并不能算作人民公社时期真正意义上的非正式制度；因为自留地制度在建立伊始就得到了中央相关文件的明确规定，自留地的种植面积、种植内容、所占比重等在相关政策文件中都得到了详细规制。然而，虽然自留地制度不是农民自发创立的非正式制度，但是，自留地在人民公社时期所起到的作用却是巨大的，它有效弥补了人民公社制度所存在的制度缺陷，并一度成为农民从事农业生产的“救命田”。

自留地制度在我国的确立主要受两方面原因的影响：其一，马克思、恩格斯等经典作家对个人少量占有生产资料的理论支持；其二，决策者对苏联的自留地经验的借鉴。对马克思主义经典作家的论述来说，在集体大生产模式下个人少量占有生产资料是可以存在的。马克思说过：我们决不打算消灭这种供直接生命再生产用的劳动产品的个人占有，这种占有并不会留下任何剩余的东西使人们有可能支配别人的劳动；共产主义并不剥夺任何人占有社会产品的机会，它只是剥夺利用这种占有去奴役他人劳动的机会。由于自留地所占的比重非常小，而且自留地主要用于个人种菜、养殖猪鸭鸡鹅等非商品领域，因此，它不可能威胁到集体公有制的性质，也不可能出现种植者奴役其他劳动者的情况。在小生产的危害性方面，列宁也曾指出：农民的“个人主义”对社会主义是否可怕？他们的“自由贸易”是否可怕？不可怕。所以，马克思主义经典作家对小生产和个人占有的论述，为我国实施自留地政策提供了理论依据。

对自留地经验借鉴来说，苏联曾在集体化建设前期就对自留地的存在做出过明确的规定：在农业劳动组合中实行公有化的是基本生产资料，主要是谷物业方面的基本生产资料：劳动、土地使用等。在劳动组合中不实行公有化的是：宅旁园地（小菜园、小果园）……。(斯大林，1979)。可见，此处所指的“小菜园、小果园”就等同于我们人民公社时期的自留地。虽然在斯大林执政之后，苏联集体农庄的建设速度骤然加快，而且集体农庄也被提高到了全民所有制的水平，但是，自留地等家庭副业仍然没有被取消。“试问，集体农庄究竟占有一些什么？它可以完全自由地任意支配的集体农庄财产又是什么呢？这种财产就是集体农庄的产品……，而建筑物和集体农庄庄员园地中的个人副业不计在内。”（斯大林，1979）

在马克思主义经典作家理论依据的基础上，并充分借鉴苏联的集体化建设经验，我国在1955年颁布的《农业生产合作社示范章程（草案）》中就明确规定要给农民留一部分的自留地。“为了照顾社员种植蔬菜或者别的园艺作物的需要，应该允许社员有小块的自留地”；“每口人所留的土地至多不能超过全村每口人所有土地的平均数的百分之五”（国家农业委员会办公室，1981)。《农业生产合作社示范章程（草案）》的颁布是中央政府有关自留地规定的第一个正式文件，这些规定在开展高级社运动期间也得到了很好的继承。1955年，中共中央七届六中全会通过的《关于农业合作化问题的决议》明确指出，“社员应该有小量的自留地，大约相当于全村每人平均土地的百分之二到百分之五，作为菜园，或者用以经营某些补充的农作物和农业副业。自留地的产品供给家用，也可以在市场上出售”(国家农业委员会办公室，1981)。通过上述两个文件，我国关于人民公社时期自留地制度的设计初步得以形成。

在此之后，自留地制度曾在1958—1960年间遭遇过短暂的挫折。这一方面是因为自留地制度在某些地方的执行过程中出现了“倒四六”“倒三七”(即家庭副业和经营自留地的收入占到总收入的百分之六十、百分之七十）的情况；另一方面则是因为中央政府开展“反右倾”斗争，将自留地制度当作“逆流”和“资本主义尾巴”收归集体所有。在1960年，为了进一步纠正“共产风”，中共中央发出了《关于农村人民公社当前政策问题的紧急指示信》(即十二条)，明确规定，“允许社员经营少量的自留地和小规模的家庭副业，凡是已经把自留地全部收回的，应该拨出适当的土地分给社员，作为自留地，今后不得将社员的自留地收归公有”（中共中央文献研究室，1996）。此后，农村土地制度中的自留地制度得以保存下来，自留地占集体土地的份额也有所增加。1961 年 1 月颁布的《关于农村整风整社和若干政策问题的讨论纪要》规定，社员的自留地比例由原来的 5%增加到 7%。1961 年 3 月下发的《农村人民公社工作条例（草案）》更是将自留地的份额扩大到了 7%～10%，但不能超过 15%（顾龙生，1993）。

自留地制度确立之后较明显地带动了农业经济的发展，同时也缓解了当时农民窘迫的生活境况。根据辛逸（2000）对 1971 年山东省泰安县东埠前大队家庭副业三类户典型所做的统计，有 85%的家庭副业收入占集体分配收入的比重超过了一半。比如山东曲阜县东风公社荀村大队的 8 户社员集体分配收入 386.9 元，家庭副业收入 147.2 元，占集体分配的 38%（山东省档案馆，1972）。在全国范围内，自留地所取得的收入占社员人均纯收入的比重从 1978 年的 26.8%增长到 1981 年的 35.1%（中国大百科全书总编辑委员会，1978）。表 2-3 是山东省 1975 年对全省自留地粮食产量的综合统计，从中我们可以看出，全省的自留地粮食产量平均能够占到集体分配粮食总量的 12.6%；其中，聊城的自留地粮食产量所占比重更是高达 25.8%。虽然从直观的数字来看，自留地粮食产量占集体分配粮食产量的比重并不是很高，但是，考虑到每个集体只有 5%的土地作为自留地，可知农民在自留地上所创造的农业价值是惊人的。除此之外，自留地制度的设立极大地促进了畜牧业的发展。1961 年，全国范围内的生猪只有 870.1 万头，到了 1963 年迅速增加到 4 015.1 万头，到 1965 年更是达到了 7 859.5 万头（国家统计局综合司，1990）。

表 2-3　1975 年山东省农村人民公社自留地粮食产量分析表①

地（市）名	集体分给社员粮食		自留地粮食产量		
	总量（万斤）	人均（斤）	总量（万斤）	人均（斤）	占集体分配（%）
总　计	2 390 150	377	300 285	47	12.6
惠民地区	145 859	314	30 397	65	20.8

① 资料来源：山东省革命委员会农林局：《山东省 1975 年农村人民公社集体经济收益分配情况统计表》，1976 年版，第 13 页。

续表

地（市）名	集体分给社员粮食		自留地粮食产量		
	总量（万斤）	人均（斤）	总量（万斤）	人均（斤）	占集体分配（%）
德州地区	150 170	310	26 481	55	17.6
聊城地区	130 128	338	33 625	87	25.8
菏泽地区	199 353	315	32 710	52	16.4
济宁地区	219 144	367	18 385	31	8.4
泰安地区	230 109	364	24 429	39	10.6
临沂地区	350 437	372	25 480	27	7.3
昌潍地区	401 502	421	47 198	50	11.8
烟台地区	408 850	476	48 787	57	11.9
济南市	32 075	378	1 344	16	4.2
青岛市	23 016	378	747	12	3.2
淄博市	63 004	421	7 141	47	11.3
枣庄市	36 530	384	3 561	37	9.8

由此可知，自留地制度的设立很好地弥补了人民公社作为正式制度所存在的缺陷，其不仅缓解了广大农民的生活困境，同时也充分调动了农民从事农业生产的积极性。同样是国家正式设立的制度，自留地制度相较于人民公社制度，可以说真正适应了农民的生产生活需求，它以一种激励相容的形式一直存续至今，成为我国农村土地产权制度改革中不可或缺的一部分。

二、“包产到户”试验

实际上，在安徽小岗村的“包产到户”试验得到中央肯定之前，我国已经实行了三次大规模的“包产到户”试验。其中，第一次发生在高级社建立后不久。一些地方为了寻求办好农业合作社和调动农民生产积极性之间的平衡，开始探索土地所有权和经营权相分离的包工、包产到户制度。1956年4月29日，《人民日报》发表了《生产组和社员都应该包工包产》

一文，文中详细介绍了四川省江津地区的包工包产经验和做法；同年 5 月，浙江永嘉县县委书记李云河将燎原公社的“包产到户”试验推广到全县；同年 9 月，刘少奇在党的八大政治报告中肯定了要把集体经营和家庭经营有机结合起来的方针。然而，1957 年 10 月 3 日的《人民日报》又刊发了《调动农民什么样的积极性》一文，点名批评了温州专区“包产到户”的土地政策。1957 年 9 月 2 日，中共中央发出了《关于严肃对待党内右派分子问题的指示》，浙江省温州市遵照指示对永嘉县的“包产到户”试验进行了整改，并对有关领导的“错误”进行了处理。至此，第一次“包产到户”试验宣告失败。

第二次“包产到户”试验开始于人民公社制度建立伊始。1958 年 12 月 8 日，《人民日报》报道了广东、四川、福建地区的情况，鼓励结合“小春生产”推行生产责任制。1958 年 12 月 29 日到 1959 年 1 月 3 日，中共江苏省委决定对各公社实行定产、定工、定成的“三定”责任制。1959 年 3 月，中共中央在上海召开政治局扩大会议，会议通过了《关于人民公社的十八个问题》的会谈纪要，该文件强调各地要推广实行“四包一奖”的生产责任制，在收入分配方面要实行“按劳分配、多劳多得”的原则。此后，江苏、陕西、湖南、湖北一些地方相继开展了“田间管理、包产到户”“定产到田、超长奖励”的生产责任制形式。然而，在 1959 年 9 月，农业部印发了《关于庐山会议以来农村形势的报告》，该报告将“包产到户”定性为“右倾歪风”，指出“包产到户实际就是恢复单干”，“利用小私有、小自由，变成大私有，大自由”。1959 年 11 月 1 日，《人民日报》发表《右倾机会主义企图为资本主义复辟开辟道路》一文，指出：“‘包产到户’实际上就是右倾机会主义分子企图破坏集体主义所有制，是‘极端落后、倒退、反动的做法’。”随着全国各地的生产责任制形式无一例外地被取消，我国第二次“包产到户”试验宣告失败。

第三次“包产到户”试验产生于 20 世纪 60 年代。由于在 1959 年到 1961 年我国爆发了严重的自然灾害，为了恢复农业生产，毛主席提出可以适当放宽对家庭经营和“包产到户”的限制，刘少奇、陈云、邓子恢等也都对“包产到户”的行为进行了支持。1960 年 7 月，在中央政治局会议上，毛主席提出：可以把高级社时期实行田间管理农活包工到户的办法恢复起来。1960 年 11 月，由周恩来起草的《关于农村人民公社当前政策问题的紧急指示信》下发，提出了允许实行“三包一奖”的农业经营管理体制。为响应国家的号召，1961年3月，安徽省委书记曾希圣主张在全省推行联产到户责任制的新办法。1961年8月，安徽省实行责任田的生产队达到了74.8%，10月增加到了84.4%，12月份增加到了91.1%。实行联产到户责任制的生产队，1961年的粮食产量比上年增长了38.9%，比未实行联产到户的生产队多了26.9个百分点（当代中国农业合作化编辑室，1986）。在1962年的“七千人大会”召开之后，实行不同形式的“包产到户”得到了绝大多数人的赞同。据统计，到1962年8月，我国已经有20%的生产队实行了“包产到户”责任制。

然而，随着1962年8月的北戴河会议召开，全国各地存在的“包产到户”行为遭到了中央明确的批判。由于“田间管理责任制”被当作“单干风”“复辟资本主义道路”而受到了批判，我国第三次“包产到户”试验最终宣告失败。

三、田间地头“偷”与“借”的智慧

人民公社体制下农业生产效率较低，为了满足基本生活需求，全国各地不约而同地发明了许多打“擦边球”的田间地头智慧，这其中又以“偷”和“借”最具有代表性。

对“偷”来说，它可以分为“小偷”和“大偷”。由于“偷”毕竟是一个贬义词，因此，在一些地方都惯用其他词汇来代替之。如在山西省阳谷地区把“小偷”叫作“捎带”，广东省东莞地区把“大偷”叫作“打埋伏”。就“小偷””来说，“养羊的每天都可以拿回两三个玉茭来，给羊吃，孩子多的也拿”；“胆大的就多拿些，胆小的就少拿些。不这样秋上就吃不上，这样拿回来就能吃了，公家再限制也限制不了”；“拿的总数很小。秋收就一个半月，一次拿三几斤，也不是天天拿”（高王凌，2006）。相较于“小偷”的较小影响性，“大偷”主要指的是针对整个大队的瞒产私分现象。由于瞒产私分总是会伴随着大规模的粮食减少，因此，若瞒产私分被发现，其相关负责人也会受到严厉的处罚。1959年，广东部分地区的瞒产私分就惊动了中央。在东莞召开的干部大会上，被查出的瞒产粮食数量高达4 000万斤；在雷南县发现的粮食瞒产数量达到7 000万斤，而相关的领导人更是因此遭到了撤职的处分。据高王凌的推测，虽然在人民公社时期无法取得精确数据，但当时我国隐性经济的损失至少能达到公开经济的20%（高王凌，2006）。

对“借”来说，它一般指的是农民通过向村集体和政府借粮度日的行为。一般来说，一年内的借粮行为主要发生在春起、夏收和秋收三个时期。春起的借粮是因为这段时间青黄不接，年前的余粮已经吃完，但新播种的粮食还未成熟，这个时候只有靠借粮才能度日。夏收和秋收借粮是因为当时正值粮食丰收的季节，农民无论是向集体借粮还是向政府借粮，多少都能借到一点。不同于“偷”的隐秘性，借粮一般都是一种“光明正大”的行为。然而，农民的借粮又“暗藏玄机”，它不同于一般的借，此处的“借”很多时候是“一借不还”的，而且即使某年有余粮，农民也不会主动归还曾经借过的粮食。而这部分被借走的粮食反映在账本上就累积成了欠款。根据高王凌对山西省大谷县古村公社的调查，在武家村 1972 年“借粮折款”一项下，当年有 90% 的人口都借了粮，多的能借二百多斤，少的借了二三十斤（高王凌，2006）。大谷县曾在 1976—1978 年对全县的欠款进行过一次清理，当时的全县欠款有 480 万元，一共清理了 300 万元。村里有的人家现在还有欠款 700 多元，政府也免过账，如大四清时，村里有家贫农就免下 400 元，差不多有 500 斤粮食呢（高王凌，2006）。

从行为性质来看，无论是“偷”或者是“借”，它们都没有触动人民公社体制的根本界限。打“擦边球”的行为可以帮助农民缓解困苦的生活压力。然而，即使农民的“偷”与“借”是隐蔽和波澜不惊的，我们仍然可以看到在人民公社体制下广大农民对正式制度的不满，这种情绪是如此的普遍，以至于当“包产到户”的星星之火被小岗村正式点燃的时候，它便以迅雷不及掩耳之势在中华大地上燎原。

第五节　小结

最后，我们不妨对人民公社制度做一个总结。在土地的规模化经营、生产资料的集中使用等方面，人民公社制度是存在一定的前瞻性和先进性的。在解放之初，单纯靠分散的、孤立的小农经营模式，农业生产很难实现迅速发展，而“土改”之后的“互助组”和“初级社”所取得的成效更是充分印证了这一点。除此之外，人民公社制度在兴修水利、基础设施建设等方面也确实具有一定的优越性。但是，若从激励机制角度来看的话，人民公社制度却是一种低效的制度。人民公社制度很难从根本上调动农民从事农业生产的积极性，从某种程度上造成了农村社会长时间的贫困，这也最终导致了人民公社制度的被替代。

从官方资料来看，1977 年下发的《普及大寨县工作座谈会讨论的若干问题》系统总结了人民公社实行 20 年期间我国农业生产方面所存在的问题。整体来看，人民公社制度是一个低效的体制，其主要表现在以下方面。第一，人民公社时期人均粮食产量几乎没有增加。我国在“三五”时期计划的粮食增长率为 4.5%，到“四五”时期下调到 3.2%。自 1956 年到 1976 年的 20 年时间里，我国粮食作物的年增长率不到 2%，但在这段时间里，我国的人口增长率也达到 2%。在“人口粮食双增”的前提下，人均粮食产量几乎是不增不减。第二，“三低”局面长期存在。“三低”指的是农业生产的劳动效率、人均粮食占有率和商品化率均十分低下。据统计，1976 年的粮食亩产量为 502 斤，人均粮食产量为 2 000 斤，人均分配口粮 614 斤，人均商品粮约为 140 斤。1976 年的农业生产的劳动效率、人均粮食占有率和商品化率都与 1956 年的各项水平大致相当。第三，某些粮食作物的产量停滞不前。自 1952 年起，我国的油料产量就处于停滞状态，棉花产量自 1966 年起没有增长，糖料作物则从 1973 年起不再增长，农、林、牧、渔业的不健康发展严重制约了经济的发展和人民生活水平的提高。第四，区域间的农业发展严重不均衡。自 1970 年到 1976 年的 7 年时间里，我国年均粮食产量增幅达 2.7%。尽管整体上的农业经济发展呈现出低迷的态势，但各个省份之间仍然存在着严重的不均衡发展态势。河南、湖北、江苏、山西、安徽、山东、湖南七省发展最快，这些省份的粮食年增产率达到了 4.8%；云南、贵州、四川、浙江、福建、江西和黑龙江的农业发展保持稳定，年均粮食增长率只有 0.4%；而吉林、广东发展最差，其粮食连年呈现负增长，每年都需要从外省调拨粮食才能维持本省的生产生活需要。

人民公社制度在 1958 年建立起来之后，曾出现过严重的经济危机和社会危机。据统计，1959 年中国农业总产值较上年下降了 14%，1960 年较上年下降了 21%，1961 年又下降了 2.5%。粮食产量 1959 年较上年下降了 15%，1960 年较上年下降了 10%，1961 年基本与 1960 年持平（林毅夫，1994）。

实践证明，农村集体所有制和“三级所有、队为基础”的农地产权结构并没有有效地提供农业劳动力发展的动力。人民公社体制的上层制度设计和基层人民群众的制度需求的错位，造成了激励不相容问题。当然，面对人民公社制度中所存在的问题，政府也试图通过教育的方式弥补产权结构中存在的缺陷，然而，这些措施未能有效消除这种产权制度缺陷的不良影响。在多种因素相互交织的作用下，人民公社制度最终走向改革。

第三章

土地承包制：一种激励相容较强的公有制形态

人民公社制度在实行20年后归于沉寂，小岗村实行“包产到户”的一声春雷送来了改革开放的春风。自家庭联产承包责任制确立之后，我国农地经营制度的变革并未就此止步。农民对农村土地的态度经历了从最初的“命根子”到现在的“理性经营”的转变，这种转变不仅代表着农村生产力发展的结果，而且也是城乡融合的产业联动所必然产生的现象。

第一节　走向激励相容较强的公有制形态

1978年冬天，在安徽凤阳县小岗村，队长严俊昌召集全村20户人家和115个社员到村民严立华家开会，商讨争论不休的田地分配问题和农业生产问题。副队长严宏昌说：看样子我们队只有分户单干了。但是，我们必须订个协定：第一，我们分田到户，瞒上不瞒下，不许向任何人讲，谁讲出去，就不是人。第二，每逢午秋两季交粮油时，该是国家的给国家，该是集体的给集体，到时不准任何人装孬种，更不能叫我们干部上门要。只要大家同意这两条意见，在字据上捺上印，我们干部就同意单干（李锦，2000）。话刚说完，村民纷纷表示同意捺手印。但此时，老农民严家芝站起来说：单干可不是闹着玩的，上面知道，干部要首先倒大霉的。我补充一条：万一走漏风声，队干部为此蹲班房，我们全体社员共同负责把他家的农活全包下来，还要把它的孩子养到18岁。在集体社员全部同意的情况下，各家的户主都签了字，并捺了手印。字据上写道：我们分田到户，每户户主签字盖章。如此后能干，每户保证完成每户全年上交的公粮，不在（再）向国家伸手要钱要粮。如不成，我们干部作（坐）牢杀头也干（甘）心，大家社员也保证把我们的孩子养活到18岁（李锦，2000）。小岗村的“包产到户”试验成了我国农村土地制度改革的转折点，并迅速全国范围内演化成在燎原之势。

实际上，除了小岗村之外，当时我国许多地方也在私下搞“包产到户”，比如，安徽的滁州县，山东的东明县、高唐县、曹县、夏津县、莘县、茌平县等。由于这些村庄大都处于两县或者两省的交界处，所以，县里的干部管得少。

从当时各村庄纷纷兴起的“包产到户”试验来看，自发性的土地制度变迁的群众基础已经基本形成。在此之后，伴随着党的十一届三中全会的召开以及实事求是方针路线的形成，我国农村土地制度改革正式拉开序幕。从当时农村土地制度变迁的路径来看，它是以农民的自发性土地体制改革为起点，继而演变为国家强制性土地制度变迁的演变历程。

一、自发性的农村土地制度变迁历程

1978 年 12 月 22 日，党的十一届三中全会原则上通过了《中共中央关于加快农业发展若干问题的决定（草案）》。在分配方式上，该文件提出了允许“包工到工作组，联系产量计算劳动报酬”的分配原则，但仍然明确规定“不许包产到户，不许分田单干”。同时，党的十一届三中全会也原则通过了《农村人民公社工作条例（试行草案）》，规定“人民公社现在要继续稳定地实行公社、生产大队和生产队三级所有，以生产队为基本核算单位的制度”（国家农业委员会办公厅，1982）。

1979 年 3 月，国家农委邀请七省三县的负责同志展开座谈，集中讨论了生产责任制的问题，并于 1979 年 3 月 29 日向中共中央报送了《关于农村工作问题座谈会纪要》，其主要内容包括以下四个方面：第一，坚持集体经济为基础，建立健全生产责任制；第二，允许分组作业、小段包工，如小宗或单项作物、耕牛和大农具、田间管理等允许包给作业组管理使用；第三，原则上不允许“包产到户”，因为“它失去了集体劳动和统一经营的好处，即使还承认集体对生产资料的所有权，承认集体统一核算和分配的必要性，但在否定统一经营这一点上，本质上和分田单干没有什么区别，所以是一种倒退”（国家农业委员会办公厅，1982）；第四，允许“深山、偏僻地区的独门孤户，实行包产到户”。1979 年 9 月 28 日，党的十一届四中全会通过了《中共中央关于加快农业发展若干问题的决定》，在对党的十一届三中全会文件进行修改的基础之上，增加了“除某些副业生产的特殊需求和边远山区、交通不便的单家独户外，也不要包产到户”的规定（国家农业委员会办公厅，1982）。例外情况的规定无疑为责任制的确立打开了一个政策上的缺口，毕竟对“交通不便”的规定在现实社会生活中并没有明确的界限。

1980 年 3 月 6 日，国家农委印发了《全国农村人民公社经营管理会议纪要》，在稳定“三级所有、队为基础”的体制之上，肯定了上一年小段包工、包产到组的工作成果，并放宽了社队核算自主权，建议要“改进计划管理，逐步推进合同制”；但是，文件对“包产到户”的问题仍然持否定的态度，“除某些副业生产的特殊需要和边远山区交通不便的单家独户外，不要包产到户”（国家农业委员会办公厅，1982）。1980 年 9 月 27 日，中央召开省市区第一书记座谈会，会议印发了《关于进一步加强和完善农业生产责任制的几个问题》的通知，进一步肯定了“小段包工，定额计酬”和“包工包产，联产计酬”的经营方式，并鼓励实行专业承包联产计酬责任制。在“包产到户”问题上，进一步放宽对经营主体的限制，除了“某些副业生产的特殊需要和边远山区交通不便的单家独户外”，对“已经实行包产到户的（一般地区），如果群众不要求改变，就应允许继续实行”（国家农业委员会办公厅，1982）。

1981 年 3 月 27 日，中共中央办公厅转发杜润生同志的《关于农村经济政策问题的一些意见》，该文章着重强调了“包产到户”经营方式的优点，并且提出了适用于中间社队采用的“统一经营，联产到劳动责任制”。针对不搞“包产到户”的地方，建议其扩大自留地的数量，以起到调动农民从事农业生产积极性的作用（国家农业委员会办公厅，1982）。1981 年 3 月 30 日，中共中央、国务院转发国家农委《关于积极发展农村多种经营的报告》的通知，鼓励“开展多种经营，要发挥集体和个人两个积极性”；不搞“包产到户”的地方，可以适当扩大自留地、饲料地，“两者面积的最高限度可达生产队耕地总面积的百分之十五”（国家农业委员会办公厅，1982）。1981 年 10 月 4 日到 21 日，全国农村工作会议和农业工作会议同时在京召开，会议讨论了国家农委代中央起草的《关于农村工作几个问题的通知（草稿）》，明确指出要在我国实行各种形式的农业生产责任制，加强党的领导，坚持集体化方向；农业生产搞责任制长期不变，责任制的形式多样化不变，基本生产资料（主要是土地）的集体所有制长期不变（中国农业年鉴编辑部，1985）。

在 1982 年到 1983 年的两年时间里，我国农村土地上进行的“包产到户”试验正式被中央政府所承认，原先偷偷摸摸的“分田单干”行为真正可以正大光明地展开，从非正式制度上升为国家的正式制度。1982 年 1 月 1 日，中共中央批转 20 世纪 80 年代第一个农业一号文件——《全国农村工作会议纪要》，该文件在“全国已经由 90%以上的生产队建立了不同形式的农业生产责任制”的背景下，将已经建立的多种方式并存的生产责任制正式转入总结、完善、稳定阶段，并对生产责任制的社会主义性质进行了论证，“包干到户这种形式……它不同于合作社以前的小私有的个体经济，而是社会主义农业经济的组成部分；随着生产力的发展，它将会逐步发展成更为完善的集体经济”（财政部农业司，1999）。从总体来看，文件的政策亮点在于它突破了“三级所有、队为基础”的框架，使得在我国存在了20多年的“统一经营，集中劳动”的农业生产经营方式正式成为历史（陈少艺，2016）。

1983年1月2日，第二个农业一号文件《当前农村经济政策的若干问题》下发，该文件肯定了联产承包责任制所取得的成果，指出，“稳定和完善农业生产责任制，仍然是当前农村工作的主要任务”。与此同时，该文件在上一年中央一号文件的基础之上，再次对家庭承包责任制的性质进行了阐述：“在这种经营方式下，分户承包的家庭经营只不过是合作经济中一个经营层次，是一种新型的家庭经济。它和过去小私有的个体经济有着本质的区别，不应混同。”除此之外，该文件还首次提出实行联产承包责任制与实行政社分离，“人民公社的体制，要从两方面进行改革。这就是，实行生产责任制，特别是联产承包制；实行政社分设”。1983年10月12日，中共中央、国务院下发了《关于实行政社分开建立乡政府的通知》，该文件在落实当年中央一号文件精神的基础之上，正式对“政社合一”的基层治理结构进行了改革。“村民委员会是基层群众性自治组织，应按村民居住状况设立”；“按乡建立乡党委，并根据生产的需要和群众的意愿逐步建立经济组织”。至此，由农民自发兴起的“包产到户”改革告一段落（见表3-1）。

表3-1　生产责任制改革的自发性制度变迁过程

	政策演变	内容提要
政策萌芽期（1978—1981年）	1978年12月22日，《中共中央关于加快农业发展若干问题的决定（草案）》	在分配方式上，提出了“包工到工作组，联系产量计算劳动报酬”
	1979年3月12日至3月24日，国家农委邀请七省三县负责人召开座谈会，并报送《关于农村工作问题座谈会纪要》	允许分组作业、小段包工；允许“深山、偏僻地区的独门孤户，实行包产到户”
	1980年3月6日，国家农委印发《全国农村人民公社经营管理会议纪要》	肯定了上一年小段包工、包产到组的工作成果；“除某些副业生产的特殊需要和边远山区交通不便的单家独户外，不要包产到户”

续表

	政策演变	内容提要
政策萌芽期（1978—1981 年）	1980 年 9 月 27 日，中央召开省市区第一书记座谈会，并印发了《关于进一步加强和完善农业生产责任制的几个问题》的通知	鼓励实行专业承包联产计酬责任制；对“已经实行包产到户的（一般地区），如果群众不要求改变，就应允许继续实行”
	1981 年 3 月 30 日，中共中央、国务院转发国家农委《关于积极发展农村多种经营的报告》的通知	鼓励“开展多种经营，要发挥集体和个人两个积极性”；不实行“包产到户”的地方，自留地最高限度可达生产队耕地总面积的百分之十五
政策确认期（1982—1983 年）	1982 年 1 月 1 日，中共中央批转《全国农村会议会谈纪要》	承认了“包产到户”的合法性，承认“包产到户、到组，包干到户、到组等等，都是社会主义集体经济的生产责任制”
	1983 年 1 月 2 日，中共中央印发了《当前农村经济政策的若干问题》的通知	全面肯定了联产承包责任制，“稳定和完善农业生产责任制，仍然是当前农村工作的主要任务”“它和过去小私有的个体经济有着本质的区别，不应混同”
	1983 年 10 月 12 日，中共中央、国务院下发了《关于实行政社分开建立乡政府的通知》	“当前的首要任务是把政社分开”，村民委员会是基层群众性自治组织，应按村民居住状况设立

二、强制性的农村土地制度变迁历程

经过两年时间的政策确认，家庭联产承包责任制已经从一种非正式制度演化为一种正式制度。自 1984 年起，农村土地“包产到户”制度作为正式制度得以全面推广，并正式进入了家庭联产承包责任制的体制完善阶段。

1984 年 1 月 1 日，中央印发了《关于一九八四年农村工作的通知》，该文件首次提出，“土地承包期一般应在十五年以上”，并着重强调了农村商品生产的发展问题，指出“今年农村工作的重点是：在稳定和完善生产责任制的基础上，提高生产力水平，疏理流通渠道，发展商品生产”。

1985年的中央一号文件正式取消实行了30年的统购派购制度，“从今年起，除个别品种外，国家不再向农民下达农产品统购派购任务，按照不同情况，分别实行合同定购和市场收购”；同年3月颁布的《政府工作报告》提出：农业经济要继续完善家庭联产承包责任制，发展多种形式的联合经营，逐步完善农村合作经济。1986年的中央一号文件在肯定过去农村工作的基础上，提出了要“进一步摆正农业在国民经济中的地位”的要求。1987年1月22日，中共中央下发了《把农村改革引向深入》的通知，该文件提出“只要承包户按合同经营，在规定的承包期内不要变动，合同期满后，农户仍可连续承包”。此后，中央有关农地产权调整的步伐逐渐趋于稳定。

1984年至1986年，中国农村土地承包政策进入配套完善阶段。从农村基层经济组织和政权组织结构来看，农村土地经营制度从最开始的“三级所有、队为基础”转变成为以乡、村两级结构为基础的家庭联产承包责任制形式。原本属于“集体所有”的土地权利逐步过渡给了农民，土地产权结构从高度集中的“集体所有”模式开始逐渐向多元化农地权利主体的分散式产权结构转变。从制度演变的性质来说，这三年的土地政策完善是一种强制性的土地制度变迁过程。在1986年之后，国家有关农村土地制度的法律法规出台步伐逐渐加快，并逐渐形成了一套以家庭联产承包责任制为核心，囊括土地物权制度、租赁制度、流转制度等其他制度在内的完整的法律体系。

1986年，《中华人民共和国民法通则》（以下简称《民法通则》）正式颁布。《民法通则》对农民的民事权利主体地位和承包经营权进行了明确的规定：公民、集体对原属于集体所有和国家所有但归集体使用的承包地依法享有土地承包经营权。这是立法上首次对农民享有集体土地承包权的明文规定。然而，《民法通则》对农民对土地的处分权也作出了严格的限制：不允许农民对土地进行买卖、出租、抵押或者其他方式的非法转让①。1986年颁布的《土地管理法》在对承包土地流转的限制方面与《民法通则》保持了一致，同样不允许农民对土地进行买卖、出租、抵押。由此可见，在立法初期的产权安排上，农民虽然享有对承包地的使用权和收

① 《民法通则》（1986年版）第八十条规定，“公民、集体依法对集体所有的或者国家所有由集体使用的土地的承包经营权，受法律保护”；“土地不得买卖、出租、抵押或者以其他形式非法转让”。

益权，但不可以对承包地进行任何形式的处分。

1988年，《〈中华人民共和国宪法〉第一次修正案》颁布，该修正案将《中华人民共和国宪法》（以下简称《宪法》）第十条第四款中的“不得出租”规定进行了删除，从宪法层面上放开了农村土地流转权。为了保持与《宪法》规定的一致，1988年的《土地管理法》修正案也删除了“禁止出租土地”的内容，并增加了“国有土地和集体所有的土地的使用权可以依法转让”的规定，农民对土地的流转权首次得到法律上的承认。1993年3月29日通过的《〈中华人民共和国宪法〉第二次修正案》将“家庭联产承包责任制”正式写入宪法①，1993年7月2日年颁布的《农业法》对承包责任制形式再次予以确认②。至此，土地所有权与使用权相分离的“双层经营体制”正式在法律上得以确定。

2002年《中华人民共和国农村土地承包法》颁布实施，该法是一部专门对农地产权关系进行系统规制的法律，它再次明确了农村土地“以家庭承包经营为基础、统分结合的双层经营体制”的经营方式的地位，并对发包方、承包方的权利义务进行了进一步的细分。农民享有对承包地的使用权、收益权、征地受偿权以及一部分处分权，农户可以“依法、自愿、有偿地进行土地承包经营权流转”，但是“承包地不得买卖”③。而集体经济组织作为发包方对土地的权利则进一步受到限制，“承包期内，发包方不得调整承包地”，仅享有对土地利用的“监督权”。2007年《中华人民共和国物权法》颁布，对我国农村土地产权的范围、取得、确权和依据都进行了详细的规定。至此，我国对农地双层经营体制的正式制度形成了较为完整的法律体系。

经过20年的立法完善，我国农村土地制度的产权关系正式得以稳定下来，“以家庭承包经营为基础、统分结合的双层经营体制”不仅在宪法上有明确规定，而且形成了以民法、土地管理法、农村土地承包法、农业

---

① 《宪法》（1993年版）第八条规定，“农村中的家庭联产承包为主的责任制和生产、供销、信用、消费等各种形式的合作经济，是社会主义劳动群众集体所有制经济”。

② 《农业法》第五条规定，“国家长期稳定农村以家庭承包经营为基础、统分结合的双层经营体制”。

③ 集体土地只有被征收为国有土地后才可以买卖，而农户享有的土地承包经营权只能流转土地上的“经营权”。

法和物权法等为根基的法律体系（见表 3-2）。对农民来说，他们对承包地所享有的权益进一步细化。农户获得了相应的民事权利主体地位，土地确权和登记工作全面展开，农民的土地流转权利得到了明确的法律支持，土地流转市场的建设也取得了可喜的成绩。对农村土地制度来说，它将迎来新中国成立之后的又一次新生。

表 3-2　生产责任制改革的制度变迁过程

政策完善阶段（1984—1986 年）	1984 年 1 月 1 日，中央印发了《关于一九八四年农村工作的通知》	“土地承包期一般应在十五年以上”
	1985 年 1 月，中共中央、国务院发布《关于进一步活跃农村经济的十项政策》	“除个别品种外，国家不再向农民下达农产品统购派购任务”
	1986 年 1 月 1 日，中共中央、国务院发布《关于一九八六年农村工作的部署》	“进一步摆正农业在国民经济中的地位”
立法完善阶段（1986—2006 年）	1986 年，《中华人民共和国民法通则》颁布	“公民、集体对原属于集体所有和国家所有但归集体使用的承包地依法享有土地承包经营权”；“不允许农民对土地进行买卖、出租、抵押或者其他方式的非法转让”
	1986 年，《中华人民共和国土地管理法》颁布	不允许农民对土地进行买卖、出租、抵押
	1988 年，《〈中华人民共和国宪法〉第一次修正案》颁布	对原《宪法》第十条第四款中的“不得出租”规定进行了删除
	1993 年，《〈中华人民共和国宪法〉第二次修正案》颁布	“家庭联产承包责任制”被正式写入宪法
	2002 年，《中华人民共和国农村土地承包法》颁布	系统性地对农村土地制度与产权关系进行了规制
	2007 年，《中华人民共和国物权法》颁布	对我国农村土地产权的范围、取得方式、确权和依据都进行了详细的规定

第二节　土地承包制的产权结构

家庭联产承包责任制改变了人民公社时期由村集体垄断土地占有、使用、收益和处分的局面，根据不同的制度主体，家庭联产承包责任制将土地权能主体划分两个：集体和集体成员。其中，村集体享有农村土地的所有权和一部分收益权，而农户则享有比较完整的土地占有权、使用权、收益权和受限制的处分权。通过对农村土地权责利和状态的重新划分，我国农地经营体制从一种激励相容较弱的公有制模式走向了激励相容较强的公有制模式，原来在激励相容较弱的公有制模式下广泛存在的制度冲突也被高效率的激励相容机制所代替。

一、实践证据

根据统计，在人民公社时期，我国粮食产量在 1958 年仅有 19 765 万吨，1977 年我国粮食产量为 28 273 万吨。20 年间我国粮食总产量年增长率约 2%（国家统计局，1984）。然而，自党的十一届三中全会召开到 1984 年，我国粮食产量由 1977 年的 28 273 万吨增长到 1984 年的 40 731 万吨。在这 7 年时间里，粮食总产量增加了 12 458 万吨，粮食的年增长率达到约 5%，增速比人民公社时间翻了一番还多。其中，棉花产量在 1958 年到 1978 的 20 年时间里，一直徘徊在 200 万吨左右，而在 1983 年，棉花产量达到了 463. 7 万吨，总产量是人民公社时期的两倍多。在农业生产总值方面，人民公社时期的农业生产总值一直处于徘徊的局面。从 1953 年到 1978 年的 26 年时间里，我国农业生产总值平均每年只增加约 3. 2%，而从 1978 年到 1983 年的 5 年时间里，我国农业生产总值年平均增长率达到了 7. 9%。

从农民收入来看，在 1957 年，农民家庭每人平均年收入 73 元，在此之后，由于农村经济发展处于长期徘徊局面，农民的人均收入也一直处于缓慢增长的阶段。到 1978 年，农民的人均纯收入增长到 133. 6 元，相当于在过去的 21 年时间里，农民的人均纯收入每年增长了约 2. 9 元。在实行“包产到户”改革之后，家庭抽样调查显示，1983 年的农民人均纯收入为 309. 8 元，比 1978 年增加了 176 元，扣除通货膨胀因素，农民 1983 年的实际收入也比 1979 年增加了近一倍。曾经长期存在的吃粮靠返销、靠救济、靠贷款的“三靠”局面一去不复返。人均纯收入 100 元以下的贫困户占农户总量的比例已经由 1979 年的 33.3%下降到 1983 年的 1.4%，而人均收入在 300 元以上的富裕户已经从 1979 年的 2.4%上升到 1983 年的 46.4%。一些从事专业商品生产的专业户，其人均收入已经达到了上千元，甚至是上万元，农村地区真正实现了“穷村穷户由穷变富，富村富户富上加富”的好形势（国家统计局，1984）。

从农民的收入结构来看，在 1978 年到 1983 年的 5 年时间里，农民的收入来源主要包括三个部分：从集体得到的收入、家庭副业性收入以及其他非借贷性收入。其中，从集体得到的收入占农民人均纯收入的比重由 1978 年的 66.28%下降到 1983 年的 54.7%，家庭副业性收入占农民人均纯收入的比重由 1978 年的 26.79%上升到 1983 年的 36.2%，其他非借贷性收入占农民人均纯收入的比重由 1978 年的 6.93%上升到 1983 年的 9.1%。在这三项收入来源中，从集体得到的收入呈下降趋势，而家庭副业性收入和其他非借贷性收入则呈上升的趋势；其中，家庭副业性收入的增长幅度更大，达到了约 10%（国家统计局，1984）。

从农民收入构成的变化可知，农村土地经营方式改变所带来的经济效应并不仅仅局限在土地上面。农村土地承包制改革释放了大量剩余劳动力，这部分潜在的剩余劳动力自发地进入乡镇企业，从而进一步推动了农村乡镇企业的发展。自 1984 年起，乡镇企业进入高速发展阶段。在 1984—1987 年的三年时间里，乡镇企业年产值平均增长率达到 50%以上，年平均吸纳农村剩余劳动力 1 000 万人（关锐捷，1998）。1988 年全国乡镇企业总产值达到了 6 460 亿元，其占农村社会总产值的 58.1%，占全国社会总产值的 24%。其中，乡镇企业工业总产值达到了 4 529 亿元。乡镇企业的快速发展直接提高了农民的人均纯收入，到 1988 年，农民的人均纯收入已经达到 545 元，是 1978 年农民人均纯收入的 4 倍（陈吉元，1991）。到 1997 年，“乡镇企业完成国内生产总值 2 万多亿元，全国国内生产总值的 1/3，全国农村社会增加值的近 2/3，全国税收收入的 1/5，全国出口交货值的 1/3，农民人均纯收入的 1/3，都来自乡镇企业”（关锐捷，1998）。除此之外，乡镇企业的发展还吸引了大批农村剩余劳动力转移。1997 年，乡镇企业的职工人数大约有 1.3 亿人，占到农村劳动力的 1/3。由此可知，经过 20 年的发展，乡镇企业已经成为农村经济和国民经济的一大支柱，它在促进农民增收、增加农业投入、壮大集体经济和建设社会主义新农村等各个方面都发挥了重要作用。

二、理论分析

在实行生产责任制改革之后，不仅农业生产呈现出欣欣向荣的局面，而且农民收入、农村产业结构、劳动力转移以及乡镇企业的发展都呈现出迅猛增长的态势。我国家庭联产承包责任制能够取得巨大成功的原因，仍然在于农村土地产权结构的调整，正是通过对农村土地权、责、利匹配机制的再配置，我国农业生产才焕发出了强大的活力。

对产权安排之于经济发展的作用机制而言，经济学界已经对此进行过充分的论述。科斯（1960）在《社会成本问题》中写道："如果市场交易是无成本的，那么所有的问题（衡平法问题除外）都将是各方主体权利（rights）充分界定的问题，法律制裁的结果也将很容易预测。"德姆塞茨（2000）认为，"产权是一种社会工具，其之所以有意义是因为它能帮助行为人形成合理预期，而行为人则可以凭借该预期与他人达成交易"。阿尔钦认为，"产权是一个社会所强制实施的选择一种经济品的使用的权利"，"私有产权是对必然发生的不相容的使用权进行选择的权利的分配"。在这些学者看来，产权是一种稀缺的资源，通过对产权结构以及收入分配机制进行再调整，可以创造出不同的激励水平，并达致不同的经济效率。

在我国农村土地问题上，生产责任制改革就是一个对农地产权结构再调整的过程。在生产责任制确立之后，原先"铁板一块"的农地产权结构实现了分散化。其中，对承包地来说，在名义上土地所有权仍然归集体所有，但是占有权、使用权、收益权和处分权等具体的"能"的部分，则划分给了农户。集体对农户合法取得的土地承包权只享有监督权，只要农户没有出现改变耕地用途、毁坏土地等违法行为，村集体无权对该承包地行使任何实际意义上的权利。这样一来，原先模糊的农地产权内部结构就变得更为清晰。虽然农民并没有获得土地所有权，但是国家对土地承包政策长久不变的方针给了农户稳定的产权预期，这在一定程度上弥补了所有权缺失所带来的效率损失。

除了产权结构的调整之外，生产责任制改革对农民收入分配方式的变革也极大地调动了他们从事农业生产的积极性。生产收入分配方式的变革对农民激励机制的影响主要是通过权、责、利的匹配展开的。在以户为单位的家庭联产承包责任制下，亲情的联络使得曾经广泛存在的“搭便车”现象逐渐消失。曾经在邻里之间、乡里之间大范围存在的偷懒行为，在家庭内部之间已经丧失了其存在的土壤。在“搭便车”现象消失之后，农民对农业收益剩余索取权的掌控又进一步提高了其种粮的积极性。在激励机制被理顺的情况下，农民心甘情愿地对其农业生产活动负责，“多劳多得、少劳少得”，这也符合了马克思对按劳分配理论的论述。吴象在1980年11月5日《人民日报》上刊发的《阳关道与独木桥——试谈包产到户的由来、利弊、性质和前景》一文中也曾对生产责任制改革有过精辟的论述，“包产到户的核心机制是：能有效地贯彻按劳分配原则，最大限度地调动农民的生产积极性，从而有效地解决了‘温饱’这个根本性的问题”（杨春学，2018）。

罗纳德·科斯曾将交易成本分为两种：外部的交易成本和内部的组织成本。生产责任制改革通过将农村基本核算单位下放，极大地削减了我国农地经营体制的组织成本，消除了更为昂贵的外部性成本。虽然农村土地制度的交易成本有所提升，但是从生产责任制改革所取得的制度绩效来看，这种外部性交易成本的增加幅度远远小于内部组织成本的降低幅度。所以，在两者最后加总核算之后，我国农村土地责任制改革仍然保留了巨大的制度红利，并一直延续至21世纪初。

三、土地承包制与人民公社制度的比较

在人民公社制度下，农业生产资料的权能结构是高度集中的，生产资料的占有权、使用权、收益权和处分权都牢牢掌握在公社（国家）手中，生产队和社员并不享有直接的生产资料权能；在当时，“农民基本上是一个劳动主体，并不是经营性主体”（高海燕，2015）。权能高度集中的所有制体制导致了“瞎指挥”“共产风”等一系列不顾社会现实的决策，也造成了生产经营过程中激励机制不同程度的扭曲。“队长在，我就磨；队长走，我就站”（杜润生，2008），激励机制的扭曲继而引起了严重的“搭便车”现象，并进一步造成了农业经济和农村社会长达20年的发展迟滞。

相比较之下，家庭联产承包责任制在权能结构、收入分配机制和产权预期程度上都发生了巨大的变化。“包产到户”试验改变了原有“铁板一块”的所有制产权结构，农村土地的占有权、使用权和收益权都赋予了农民。其中，收益权由二次分配机制转变为“交够国家的，留足集体的，剩

下都是自己的”的直接分配体制，这极大地加强了农民作为生产资料主人的心理认同感和自主权。在产权预期层面，我国在 1984 年的中央一号文件中指出：“土地承包期一般应在十五年以上。生产周期长的和开发性的项目，如果树、林木、荒山、荒地等，承包期应当更长一些。”1997 年 8 月中共中央办公厅印发《关于进一步稳定和完善农村土地承包关系的通知》，确立了“在第一轮土地承包到期后，土地承包期再延长 30 年”的土地二轮承包方针。2002 年的《农村土地承包法》第十四条规定：“发包方承担下列义务：（一）维护承包方的土地承包经营权，不得非法变更、解除承包合同；（二）尊重承包方的生产经营自主权，不得干涉承包方依法进行正常的生产经营活动。”在家庭联产承包责任制下，农户从事农业生产的积极性得到了极大的提高，激励相容较强的公有制的优越性也得到了明显的体现。

然而，值得注意的是，由于生产责任制改革由最初的自发式制度变迁转变为后来的强制性制度变迁，因此，脱胎于我国激励相容较弱的公有制模式下的激励相容较强的公有制改革并不彻底，其中最大的一个遗留问题就是产权残缺的问题。在责任制改革之后，大部分的土地权能经由集体赋予农民，但时至今日，我国农村土地处分权仍然掌握在国家手中，集体并不享有农村土地的实体处分权。除此之外，强制性的土地制度变迁还给予地方政府十分强大的政治权威，在地方发展主义的导向下，由土地产权残缺引起的官民矛盾、高房价等问题成为制约我国社会主义经济进一步发展的巨大障碍。

第三节　再论激励相容较强的公有制形态：与国有企业的比较

自改革开放之后，我国农村土地上的生产责任制改革和国有企业改革相继展开，在突破权能结构高度集中的激励相容较弱的公有制模式时，两者的演化方向是一致的。在权能结构上，国有企业改革和生产责任制改革都强调要对生产资料进行权能分离，通过清晰界定产权，降低生产经营活动中的交易成本，提高经济发展水平。其中，生产责任制改革是通过将农村土地的占有权、使用权和收益权赋予农户，充分调动农民从事农业生产的积极性；而国有企业改革则通过实行“政企分开”“权责明晰”，减少了中央政府对国有企业日常经营的直接干预，从而进一步增强了国有企业经营者的生产自主性。

然而，相较于家庭联产承包责任制，国有企业制度的改革仍然有许多不足之处，它并没有实现激励相容较弱的公有制模式向激励相容较强的公有制模式的真正转变。在收入分配机制上，家庭联产承包责任制采取的是利润剩余索取权归农户所有的分配机制，而国有企业制度采取的则是利润剩余索取权归国家的机制。实际上，自改革开放以来，我国国有企业的利润分配经历了三个阶段。第一个阶段是1979—1993年的放权让利阶段；第二个阶段是1994—2006年的分税制阶段；第三个阶段是2007—2018年的分类上缴阶段。就目前的分类上缴体制而言，2007年12月，财政部、国资委联合下发《中央企业国有资本收益收取管理暂行办法》，将国有独资企业的收入上缴比例做了区别规定，结束了国有企业长达13年只缴税收不交利润的情况。在目前的国有企业经营模式中，利润分配机制也可以主要分为三部分：劳动报酬、经营性积累和上缴利润。其中，劳动报酬和经营性积累是相对不变的，而国有企业每年上缴的利润却因经营状况的好坏存在着较大的变化。虽然国有企业采取的是全民所有制形式，从理论上讲，生产资料所有权是归全体国民所有的，然而，在实际执行过程中，由于国有企业的管理者和劳动者无法获取剩余利润的索取权，因此，他们并不能真切地感受到自己就是国有企业的主人。相反，他们更多地认为自己处于“打工者”的地位，国营企业经营者主人翁心理的缺失进一步造成了久治不愈的国有资产流失问题。

两者收入分配机制的差异使得农户对于承包地的主人翁认同感要远远强于经营者对国有企业的主人翁认同感。相应地，国有企业经营者对国有资产的保护也就远远不及农户对于承包地的保护。而且，这种收入分配机制的改变又进一步作用到了激励机制问题上，在国有企业制度中，“委托—代理”问题一直是困扰国企改革的一个大问题，但是，在家庭联产承包责任制中，“委托—代理”问题几乎不存在。

除此之外，产权预期的差异也是国有企业制度落后于家庭联产承包责任制的一个重要因素。国家并未给国有企业经营者规定企业承包制度，国有企业的经营者并不存在所谓的产权预期问题。国有企业经营者所处的地位更像是被雇用的工人，而不是当家做主的主人，这就使得他们也如同人民公社制度中的社员一样处于产权预期缺失的状态。在家庭联产承包责任制中，当农户的承包地因为政府违法征收而遭到不法侵害时，他们总会挺身而出极力保护自己的合法权益。然而，当国有企业资产遭到不法侵害时，经营者维护国有资产的积极性就大不如前者，某些国有企业经营者甚至还会“监守自盗”，从而引发了一系列的贪污腐败现象。

家庭联产承包责任制当然也面临着进一步改革的需要。农村土地权能结构的产权模糊问题，地方政府对农村土地强制征收的问题，农民增产增收方式转换的问题等，都是制约“三农”问题有效解决的阻碍。

第四节　完善承包制的努力：若干案例

在责任制确立初期，类似于“均田制”的土地承包经营模式适应了农民占有土地产权的心理需求，因此，当时的农业经济取得了迅速的发展。然而，随着生产力的进一步发展，“均田制”模式无法取得规模化经营效益的弊端也日益显露。农业生产力的发展要求农地经营制度改革必须进行下去，在改革开放之后，农地经营方式又经历了一个为期数十年的发展演化过程。纵观整个过程，我们发现它可以分为两条线索：一条是以家庭联产承包责任制为正式制度的不断强化的主线索；另一条是由改革试验和农民自发创造形成的非正式制度的副线索。一方面，联产承包责任制在经历了政策确立和立法规制之后，逐渐成为我国农村土地的基本经营制度；另一方面，新型土地经营方式和产权结构在不断涌现和革新的过程中，又对改革之初的土地承包制度产生了巨大的冲击。

一、未完全摆脱计划经济体制的“两田制”模式

“两田制”最早产生于山东省平度市，它指的是将农民所承包的土地分为两部分，一部分叫作口粮田，另一部分叫作责任田。口粮田实行人均承包，其主要负责承包户的口粮，同时负责提高社会保障和缴纳农业税；而责任田则是按人口、按劳力实行招标承包。与口粮田不同，责任田除了要完成缴纳农业税的任务之外，在发展早期，还需要完成国家的粮棉订购任务，并缴纳一定的承包费以负担村提留和乡统筹用。“两田制”在20世纪80年代出现之后，经过十几年的发展，在20世纪90年代已经颇具规模。农业部1997年对23个省、自治区和直辖市的调查结果显示，在1997年4月底，我国实行“两田制”的土地面积达4.66亿亩，占土地承包经

营总面积的 40.7%。其中，口粮田的面积为 1.54 亿亩，责任田的面积为 3.12 亿亩，实行“两田制”最多的省份主要集中于东北和华北地区。例如，黑龙江实行“两田制”的土地面积为 8 894 万亩，占本省承包土地总面积的 89.5%；河北实行“两田制”的土地面积为 6 160 万亩，占本省承包土地总面积的 67.1%；吉林实行“两田制”的土地面积为 5 056 万亩，占本省承包土地总面积的 97.2%；山西实行“两田制”的土地面积为 3 979 万亩，占本省承包土地总面积的 76.1%（张红宇，2002）。

“两田制”可以具体划分为三种模式。第一种是口粮田和责任田都按人均承包的模式。这种模式最典型的特征就是“动账不动地”，即人口的增减不对农户承包地的总面积产生影响。当一户家庭人口增加时，其总的土地承包面积不会变动，但相应会减少一份责任田，增加一份口粮田，缴纳的承包费也会减少。当一户家庭人口减少时，他的账上也会随之减少一份口粮田，增加一份责任田，相应承包费也会有所增加。“动账不动地”模式是“两田制”模式中最具代表性的一种。据农业部统计，1997 年，“动账不动地”模式下的责任田面积总共达到了 1.56 亿亩，在所有“两田制”责任田中占到了 50%。第二种是实行口粮田人均承包，责任田按劳承包的模式。由于各个家庭中劳动力数量是有限的，而且不同农户之间的劳力数量也不一样，所以，这种模式与前一种模式需要做一定的区分。据统计，这种模式的责任田面积为 0.94 亿亩，占责任田总面积的 30%。除此之外，还有一种按人劳比例划分责任田的做法，但其承包费与第二种模式大致相同。第三种是口粮田按人均承包，责任田实行招标承包的模式。据统计，这种模式下的责任田面积为 0.62 亿亩，占责任田总面积的 20%，占承包经营总面积的 5.2%。

自 1984 年起一直到 20 世纪末期，“两田制”的发展也经历了“从生到死”的过程。1984—1986 年是“两田制”的产生时期。在这一时期，我国东部地区和沿海地区的二、三产业发展较快，第一产业发展相对缓慢。由于大量农村劳动力的转移，农业生产中出现了许多土地撂荒和农业生产萎缩的现象。为了克服这种问题，以当地政府为主导，“两田制”便逐渐被引入。初期的“两田制”适应了产权细分的需要，通过专业分工，具有特定技能的农民进入了其他产业，具有种粮能力的农民则通过责任田承包获得更多的农业收益。至于劳力比较少的家庭，他们也可以凭借经营口粮田来避免温饱不足的情况。据农业部统计，1986 年，我国实行“两田制”模式的土地总面积达到了2.86亿亩，占承包经营总面积的22.9%，但“动账不动地”的模式仍未大面积普及。

1986—1990年是“两田制”的发展时期。在1985年左右，由于受到粮食购销体制、国家产业政策、产权预期不足和上一年粮食大丰收的影响，我国农业生产出现了长时间的徘徊局面。许多农户从事农业生产的积极性下降，大面积撂荒局面在中东部地区出现。为了应对这种大范围内出现的农地资源利用不足的局面，各地方政府和农村社区纷纷开始引进“两田制”模式，以便以较低的交易成本来获取农业税收和农业剩余。除了东部沿海地区之外，“动账不动地”的模式也逐渐在中部地区普及开来。据统计，在1990年，我国实行“两田制”模式的土地面积达到3.97亿亩，占承包经营总面积的34.7%；其中，“动账不动地”的“两田制”模式占到总面积的65.7%。此时的“动账不动地”模式适应了农民的制度需求，促进了农业经济的发展。

1990—1994年是“两田制”的失控时期。在这一阶段，由于农业经济形势逐渐好转，从事农业生产的效益也有所增加。村集体强烈希望增加对农地调控手段，以获取高额的拍卖承包费供集体使用，减少“动账不动地”模式的土地面积，转而增加以拍卖方式分配责任田的面积。据统计，1994年底，“两田制”的总面积为4.85亿亩，“两田制”的扩张速度远低于之前两个阶段的扩张速度，而“动账不动地”的“两田制”模式比重却比1990年下降了15.4%。村集体违背农户意愿强制转变“两田制”经营形式的做法，损害了农户的土地经营意愿，两者之间的冲突程度日渐激烈。

1994—1997年是“两田制”的夕阳阶段。自1994年起，国家开始关注农村土地的二轮承包问题，并在1997年正式发文要求对农村土地承包期实行30年不变。此时，针对某些地方政府和村集体利用“两田制”来增加农民负担的问题，国家下发规定要求不论是“口粮田”、“责任田”、“承包田”抑或是“经济田”，其需要缴纳的土地承包费不得超过村提留、乡统筹费的5%。然而，虽然“两田制”总面积的扩张得到了遏制，但是“动账不动地”模式仍然不可避免地遭到了侵蚀。到1997年，“动账不动地”模式的土地面积只占到了“两田制”总面积的31.5%，而责任田的面积却比上一阶段上升了10%。

从制度绩效来看，“两田制”在发展前期适应了相关主体的制度需求。

实行“两田制”不仅可以保证“家家都种田”的农业基本经营体制，还可以将一部分集体土地集中起来进行承包拍卖，从而节约土地资源，实现土地规模化经营。以山东平度为例，自 1987 年“两田制”全面推广以来，平度市在“两田制”的基础上重新建立了生产、管理、积累、服务等一整套适应当地农业经济发展的制度。在 1991 年，平度市农村经济总收入比 1987 年增长了 90.6%，农业总产值增加了 129%，农民的人均收入从 732 元增加到了 1 044 元，增幅达 43%；粮食总产量则增加了 17.8%，第一产业的总收入增加了 68.5%（高宏等，1997）。平度市政府在全市 260 万亩土地的基础上，整合 1 700 个行政村和 120 万农业人口，将农村土地按照不同的条件划分成片；其中，最大的一片耕地整合了 8 个村的土地，但没有任何一个村民存在异议。从 1986 年到 1991 年的 5 年时间里，平度市的村级资产增长了 69.6%，户级资产增长了 153%，这一度被学界称为“平度创造”（温铁军，1992）。

然而，“两田制”在发展后期却不可避免地出现了一些问题。村集体为了扩大自己手中的权利，开始大量增加第三种模式的土地面积，并削减“动账不动地”模式的土地面积。有的村集体还存在将土地强行进行承包拍卖，或者通过实行高价拍卖承包以增加集体提留和乡统筹费的情况。农业部 2007 年的调查显示，在全国实行“两田制”的模式中，仅有 16.5% 是由农户自愿实施的，有 83.5%是由地方政府以行政手段推动实施的。为遏制这种不良的发展模式，在 1997 年之后，中央已不再鼓励“两田制”推广。据农业部 1998 年上半年的统计，我国实行“两田制”的面积占土地承包总面积的比例为 30%，比上一年下降了 10%左右。1999 年的统计结果显示，当年全国实行“两田制”的土地面积仅占土地承包总面积的 10%左右（张红宇，1998）。“两田制”的衰落已不可避免。

二、以行政权力推动的土地规模化经营

土地规模化经营的根源在于“均田制”的土地经营模式难以形成规模效益。土地被分割成分散的条块，造成了其经营效率十分低下的情况。这种生产效率低下的情况又使得农民从事农业的收益远远不如第二产业和第三产业，在大中城市和沿海发达地区，随着其非农业就业机会显著增多，这些地区的农户更愿意将土地集中起来进行规模化经营。

实际上，20 世纪 80 年代开展的土地规模化经营并不是真正由市场导

向所产生的制度安排。在要素市场还未确立、土地流转仍然没有放开的前提下，行政主导就成了土地规模化经营的唯一模式，这与我们后面探讨的股份化模式存在根本的区别。以行政力量推动土地规模化经营的模式又可以分为三种：第一种是单一制的集体经营形式。这种模式占据绝对主流的地位。据农业部 1993 年的统计，集体经营形式占土地规模经营总面积的 62.8%，平均经营面积为 146 亩。第二种是以专业劳动力和一定土地规模为基础形成的双层经营。此种经营方式占土地规模经营总面积的 28.8%。第三种是单一制的家庭经营形式。这种经营方式的普及率最低，只占土地规模经营总面积的 6.2%；其户均土地经营面积也最小，每户平均只有 8.9 亩（农业部农村改革试验区办公室，1994）。

相较于行政力量主导，江苏苏南地区的家庭规模化经营采取了相对温和的行政权力安排模式。由于这些地方的经济发展水平较快，第二产业和第三产业吸纳了许多农村剩余的劳动力。随着农民对土地的依附性降低，许多农民都愿意将土地拿出来实行规模化经营。所以，不同于集体经营模式的强制性，这些地区的家庭农场经营模式更加尊重农民的土地流转意愿，既保证了农民种粮的积极性，又在一定程度上实现了土地规模化经营。

从总体来看，肇始于 20 世纪 80、90 年代的土地规模化经营经历了两个阶段。第一个阶段是 1991 年之前的缓慢发展阶段，第二个阶段是 1991 年之后的快速发展阶段。在第二个阶段，改革开放的触角深入到了市场经济体制上，随着我国市场经济改革逐渐加快，农户的土地流转意愿也逐渐加强，土地流转速度明显加快，土地规模化经营的普及程度逐渐提高。据农业部统计，1994 年，我国实行规模化经营的土地有 603.63 万公顷，占全部耕地面积的 6.5%。从地域分布来看，东中西部的土地规模化经营率基本相近。东部土地规模化经营面积为 182.45 万公顷，占规模经营总面积的 30.1%；中部的土地规模化经营面积为 227.63 万公顷，占规模经营总面积的 37.6%；西部的土地规模化经营面积为 195.57 万公顷，占规模经营面积的 32.3%。其中，东部地区的土地规模化经营发展速度最快。以江苏常熟、无锡、吴县为例，在 1993 年，上述三县的土地规模经营单位（劳均经营面积 1 公顷以上）已达到了 2 816 个，总的经营面积有 1.51 万公顷，规模化经营所占责任田面积由 1988 年的 1.1%上升到 22.4%；三地中已经有 300 多个行政村实现了全部责任田的规模化经营，有 20 多个村实现了全部粮田的规模化经营（陈小君，2004）。

三、“反租倒包”模式

虽然由行政力量推动土地规模化经营在一定程度上促进了农地规模化经营的实现，但是这种方式的弊端也是显而易见的。首先，经常会有地方出现违背农民意愿的土地流转行为，这极大地影响了农民从事农业生产的积极性。其次，各个地方的农业生产设备积累程度不同，以行政力量推动土地规模化经营，在一定程度上使得生产关系脱离了生产力的要求。最后，由于当时许多农民的思想还存在较强的平均地权观念，所以以行政力量推动土地规模化经营往往会与农民的主观意识产生冲突。上述因素累加在一起，使得单靠行政力量推动规模化经营的模式无法长久持续下去。与此同时，为了降低土地制度的交易成本，各地纷纷对土地经营制度的安排进行了不同程度的修正。其中最具有代表性的就是东南沿海地区的“反租倒包”模式。

“反租倒包”模式是指将已经发包给农户的承包地，通过集体经济组织与农户签订合同的方式再将该土地重新“租”回来，然后再由集体经济组织将土地转让给农业企业经营。在“反租倒包”模式中，签订了租赁合同的农户不得对已经倒包出去的土地行使土地经营权。作为补偿，企业也会根据地块的大小和耕地的质量，支付给出租农户一定的租金。20 世纪 90 年代的“反租倒包”模式主要集中在广东、浙江等沿海省市，虽然在河南、河北等一些中部城市也偶有出现，但并没有形成较大的经营规模。“反租倒包”模式突破了原有集体内部经营土地的产权结构，将土地经营权交由种粮企业来进行经营。这样不仅实现了专业分工，还尊重了农户进行土地流转的意愿。实际上，之后的股份制模式和现有的“三权分置”改革都是以“反租倒包”为起点的。

然而，“反租倒包”模式的发展并不是一帆风顺的。学界对“反租倒包”模式多有争议。有学者认为“反租倒包”模式拓宽了土地流转的渠道，提高了土地流转的效率，不仅有利于实现资源的优化配置，还有利于实现土地的规模化经营（黄延延，2010）。但也有学者认为，在“反租倒包”模式中，农村集体的权力过大，强制土地流转的现象广泛存在，“反租倒包”成了村干部创收敛财的工具（魏一南，2014）；而且，“反租倒包”模式在法理上存在严重缺陷，因为在一块土地上不可能同时存在两个权利内容相同的使用权，这与“一物一权”原则是相冲突的（陈小君，2004）。从政策层面来看，中央政府也曾经下发文件阻止“反租倒包”模式的推广。2001 年 12 月，中共中央发布《关于做好农民承包地使用权流转工作的通知》，规定“由乡镇政府或村级组织出面租赁农民的承包地再进行转租或发包的‘反租倒包’，不符合家庭承包经营制度，应予制止”。然而，在 2001 年之后，中央政府没有再坚持否定“反租倒包”模式的合法性。2008 年，党的十七届三中全会通过的《中共中央关于推进农村改革发展若干重大问题的决定》明确规定，根据“依法、自愿、有偿”的原则，农户可以通过出租、转包、互换、股份合作等形式对土地承包经营权进行流转，并发展多种形式的适度规模经营。

在 20 世纪 90 年代的东南沿海地区，由于当地经济发展速度较快，“反租倒包”模式确实适应了市场主体的制度需求。然而，当时的“反租倒包”模式仍然有很多制约因素。首先，第二产业和第三产业的发展不够充足，没有足够的农业企业为“反租倒包”提供生产对接服务。其次，农民的乡土观念没有完全放开，农民对土地的依附性仍然十分牢固，农民对承包地的流转意愿仍然比较低。再次，法律政策层面没有为“反租倒包”模式提供相应的支持，这就使得“反租倒包”模式的市场主体难以形成稳定的收益预期。最后，在实践过程中，仍然存在着大量违背农户意愿进行“反租倒包”的情况。除此之外，考虑到生产经营以及产品需求市场的不确定性，“反租倒包”模式在 20 世纪 90 年代的发展一直处于边缘状态。

四、燎原于吕梁地区的“四荒地”拍卖模式

“四荒地”拍卖是一种十分特殊的土地利用模式，其星星之火源于我国西北地区的黄土高原。早在 20 世纪 80 年代，黄土高原地区就已经零星出现过“四荒地”拍卖的现象。如 1983 年，柳林县龙门垣乡中垣村村民李马才以 1 750 元的价格买下本村 157 亩荒坡和荒沟的使用权，经过 10 年的经营，荒坡和荒沟得到了良好治理，在 1992 年的年收入达到上万元。自 1988 年起至 1992 年，临县曲峪乡拍卖流域荒地 108 条，占全乡“四荒地”的 91.7%（薛培荣等，1993）。然而，“四荒地”拍卖真正引起关注是在 20 世纪 90 年代初。1992 年，山西省吕梁地区开始在全区加快对荒山、荒坡、荒沟、荒滩（“四荒地”）的拍卖工作。截至 1993 年，吕梁地区共拍卖了 11.5 万亩“四荒地”，参购农户达 4.4 万户，参购机关团体也

有 60 个，签订拍卖契约 24 726 份，一共收回拍卖资金达 194. 78 万元。在已经拍卖过的“四荒地”中，达到初步治理效果的有 16. 7 万亩，这比过去十年时间里由农户进行承包治理的速度提高了约 2. 1 倍（薛培荣等，1993）。

受自然和制度双重因素的影响，“四荒地”拍卖制在取得良好治理效果的同时，也呈现出不可复制的特性。就地理原因而言，山西吕梁地区位于晋西北黄河东岸，在 20 世纪 90 年代，其山区和丘陵面积有 173 万公顷，占到全区土地总面积的 94. 4%；其中，可开发利用的“四荒地”面积达 31. 88 万公顷，占全区土地总面积的 17. 4%，人均“四荒地”面积达 1. 16 公顷。吕梁地区处于黄土丘陵沟壑区，地势大多属于梁赤起伏、沟壑纵横地带，植被稀少，水土流失十分严重，土壤的肥力比较低，生态系统也比较脆弱。“四荒地”拍卖正是在这种十分地理区位上建立起来的一种特殊的农地经营制度。

从制度原因来看，在改革开放初期，西北地区对“四荒地”的治理也效仿农村土地上的“包产到户”模式，实行承包到户的小流域治理。然而，这种模式所取得的制度绩效并不理想，在实行了十几年之后，吕梁地区仍然有 49. 2%的农户实行包而不治。究其原因，一是因为单纯的使用权下放很难完全界定“四荒地”的权属关系。诚如农村耕地上的土地承包经营权关系，我们也很难认定它就能完全厘清权属关系。在“四荒地”的问题上，这种产权模糊的情况更加严重。由于“四荒地”的承包户难以获得完全的自主经营权和直接的承包收益权，因此承包户对治理“四荒地”的积极性大大降低。吕梁地委 1992 年的抽样调查显示，在对“四荒地”实行包而不治的农户中，有 45%的农户因土地承包关系未落实而放弃治理，还有 30%的农户直接放弃治理（中共吕梁地委宣传部写作组，1994）。二是因为不稳定的承包关系使承包户治理“四荒地”的预期不足。在小流域模式治理下，吕梁地区曾根据土壤质地好坏、树木种类和距离远近等标准，将山区、半山区的土地平均分配给每家每户；但是，西北地区的“四荒地”与一般的农田不一样，受自然因素的影响，“四荒地”治理必须有足够长的治理期限、足够多的资金投入和足够大的劳动投入才能取得一定的治理效果。由于小流域治理下的土地承包期限都比较短，“指手为界”的产权确定方式又很难使农户获得清晰的土地产权，因此农民治理“四荒地”的预期普遍不足。

“四荒地”拍卖模式的出现充分调动了农民承包和治理“四荒地”的积极性，并且取得了十分可观的治理效果。在实行“四荒地”拍卖之前，国家对治理“四荒地”主要采取“包揽”的方式，通过发放补助，国家帮助农户修坝、种树和种草。然而，这不可避免地造成了政府与农户之间关于经营制度预期的错位。农户对国家治理“四荒地”的投资基本上采取的是“你给多少，我拿多少”的态度，大量的“四荒地”治理资金石沉大海，成效不佳。据调查，在1991年之前，国家和农户在治理流域之间的投资比例为7.3∶2.7，某些流域的投资比例甚至达到了8.4∶1.6。然而，在“四荒地”拍卖之后，农户承包和治理“四荒地”的积极性大大提高，以前“要我治”的被动态度转变为“我要治”的主动态度。据统计，在1993年，吕梁地区的“四荒地”治理资金投入2 000万元，投入劳动力达到400万人，国家与农户在治理“四荒地”的资金投入比例上变成了4.5∶5.5，农民真正成为治理“四荒地”的主体（薛培荣等，1993）。

“四荒地”拍卖的突破点主要集中在以下几个方面。首先，拍卖方式进一步明确了“四荒地”的权益。在对“四荒地”进行小流域承包治理的阶段，农户无法真正感受到“四荒地”治理所带来的收益。而在实行“四荒地”拍卖之后，一个“卖”字使得农户觉得自己就是“四荒地”的主人，土地使用权的清晰界定充分调动了农民治理“四荒地”的积极性。其次，突破了承包期的界限。在1997年国家实行二轮承包之前，农村土地的承包期只有15年，即使在二轮承包之后，承包期也只有30年。然而，“四荒地”拍卖的承包期一般都在50~100年，这极大地稳定了农民治理“四荒地”的预期。再次，打破了行政区划和所有制的界限。“四荒地”的拍卖一般是在本乡内进行，但是对某些治理难度大、流域范围广的“四荒地”，允许本乡之外的其他个人和组织进行拍卖。而且，拍卖“四荒地”的主体也不只限于农民或者公有制性质的团体，私营企业和外资企业也有资格对“四荒地”进行拍卖。最后，在法律和政策上对“四荒地”进行支持，“开发治理的权利可以转让、入股、抵押和继承”（张红宇，2002）。

“四荒地”拍卖是对土地流转制度的一次“跨时间”的尝试，是在各项要素尚不具备的情况下，对土地承包期、流转条件和土地处分等进行的大胆探索，无疑具有十分远大的前瞻性。笔者认为，即使比起现在的“三权分置”改革，“四荒地”改革的制度创新突破程度也不遑多让。虽然受到自然条件的限制，“四荒地”拍卖模式不具有普遍性，但是，它在农地制度改革方面所带来的创新极其令人振奋。

五、兴起于南海的土地股份合作制模式

土地股份合作制是产生于20世纪90年代的一种新型土地经营方式，它以一种“非驴非马”的姿态在我国存在了20多年，并对农村土地的利用和创新做出了突出的贡献。我国土地股份合作制模式诞生于东南沿海地区，而该地区又以珠三角的南海模式最具代表性。在珠三角地区产生农地股份合作制之前，国务院就曾在1987年将该地区设立为土地规模化经营试验区，但是这种以行政力量推动土地规模化经营所取得的成果并不十分理想①。在试运行的20年内，南海地区的水稻产量并没有显著提高，一直保持在370~400斤之间。1990年，南海农村改革试验区办公室曾对本市17个规模化经营专业户进行了跟踪调查，结果发现：从事规模化经营的农户数量少了3个，经营面积超过30亩以上的农户只有14家。家庭承包经营总面积从原来的2 137.4亩，减少为1 995.09亩。即使留存下来的土地规模化经营户，也主要是靠村集体的“以工补农”政策得以维持（王颖，1996）。

实际上，南海模式的出现绝不是偶然的。对南海模式的内部约束而言，规模化经营可以带来农业生产的规模化效益，这是小农经营模式无法比拟的。从外部约束而言，南海地区第二产业和第三产业的发展一直在隐性地提升土地非农化的外部收益。当从事农业规模化经营的边际收益低于从事非农经营的边际收益时，农户就会放弃继续从事农业规模化经营，这是一个基本的经济学常识。实际上，南海地区的股份合作制并非建立在农业规模化收益之上，而是建立在土地非农化激励之上的一种制度。也就是

---

① 成立农村改革试验区的目的是根据农村改革的总体要求，进行超前性试验，为中央决策提供依据，并为全国各地的改革提供示范，同时把已取得成效的改革成果制度化，从政策上升为法规。根据当时农业部农村改革试验区办公室的安排，试验区的主题分为8个系列，即粮食购销与农产品流通体制改革，土地制度建设与土地适度规模经营试验，农村基层社区性和专业合作经济组织发育，乡镇企业制度建设和小城镇综合体制改革，农村金融体制和税收体制改革，农产品市场建设和农业产业化体系建设，扶贫体制改革以及林业、牧业、渔业体制和国有农场体制改革。其中土地制度建设与土地适度规模经营试验确定在贵州循潭、广东南海、江苏苏南地区、山东平度、北京顺义、湖南怀化及陕西延安等试验区开展。引自：关锐捷：《中国农村改革三十年》，河北科学技术出版社，1998年版。

说，促使农户将土地联合起来进行经营的原因不是从事农业经营获取规模收益，而是将土地进行非农化处理以获取外部性收益。

20 世纪末期宽松的土地非农化政策起到了关键性的作用。在 20 世纪 90 年代，随着南海地区第二产业和第三产业的发展，商业用地和工业用地的土地需求量猛增，在土地一级市场供地数量明显不足的前提下，南海地区的集体土地就产生了强烈的非农化激励。由于碎片化的土地经营模式不利于土地非农化的流转，因此，将土地集合起来进行规模化经营就成了首选之举。由于我国关于集体土地的入股、联营的限制性规定首次出现在 1998 年修订的《中华人民共和国土地管理法》中，而南海地区的土地非农化大都是在 1998 年之前完成的，因此，这就使得在 1998 年之前的土地非农化行为没有得到有效的规制。当时，许多村集体流转土地并没有取得合法的手续，村集体完全凭借农户的自愿就实现了农业用地向非农业用地的转化；由于大规模的土地非农化流转已成为事实，即使在相关法律出台之后，当地政府也无法完全纠正这种大范围存在的土地违规现象。随着国家对土地非农化政策的规范和收紧，南海模式的土地股份制不可避免地走向了“死胡同”。在 1998 年之后，随着《土地管理法》《农村土地承包法》《物权法》等一系列法律的修订和出台，村集体不能再擅自决定将本村土地转化为建设用地，这就极大地削弱了土地非农化的可能性。

在南海地区的土地股份制模式中，由于土地非农化价值急剧攀升，集体成员之间的土地权属矛盾日益严重。这些矛盾主要包括以下两个方面。

第一，行政村和村民小组以及村民小组之间的矛盾。对于行政村和村民小组的矛盾来说，它们主要涉及行政村的财产问题。比如，在人民公社时期，社队企业的兴办主体只能是行政村，村民小组并无资格兴办社队企业；而在改革开放之后，社队企业的产权划分就成了一个棘手的问题。在对社队企业的土地进行征收后，村民小组往往会与行政村在补偿分配方面产生激烈的冲突。对于村民小组之间的矛盾来说，它们主要集中在公共物品的投入和产权运作主体问题上。

第二，村民内部的矛盾。村民内部的矛盾主要指的是外嫁女问题。在股份合作制实行之前，南海地区的外嫁女问题并不突出。由于土地进行农业生产的收益并不明显，即使允许外嫁的女性分享原集体的土地承包经营权，村集体内部的其他成员也不会强烈排斥这种现象。然而，随着东南沿海地区经济发展速度加快，在土地非农化激励的前提下，股份合作制在南海地区逐渐发展起来。由于此时的土地价值升高，在农用地转为非农用地的过程中，多一个外嫁女分配土地，就意味着其他人少一份补偿性收益。因此，外嫁女问题自土地股份合作制建立伊始就成为无法绕开的症结点。按照中国传统的嫁娶习俗，出嫁即意味着不再是本村的人，也就不应该再享有本村土地承包权的股权。而根据现有法律规定，能否取得土地承包经营权资格的主要判断标准是户籍，也就是说，即使本村的女性外嫁到其他地方，但如果她并没有迁移户口，她仍然有权利获得本村的承包地。因此，在“国法”与“民情”之间，土地股份合作制中的股权划分就出现了激烈的产权冲突。刘宪法（2011）在南海调研时曾发现，当地村民对未转移户口的出嫁女的态度普遍十分不满。在本村村民散发的传单中写道，“不愿把户籍迁走的出嫁女们，我们讨厌你们……”；“最惨的是老人家等着用来看病、生存的钱分给你们了”；由上可知，在土地股份合作制中的土地产权问题上，出嫁女与本村村民的矛盾十分严重。

在改革开放后我国农地制度探索的过程中，土地股份合作制是由供给诱致性变迁向需求诱致性变迁的一个转折点。它反映了农民对加强土地利用性的价值导向，也证明了由政府直接干预土地产权的方式并不十分有效。通过引入外资、普及农业生产新技术和采用新型管理方式，土地股份合作制实现了产权的细分；分工的专业化也提高了农业的生产效率。然而，南海地区的土地股份合作制的发展也的确是产生在土地非农化基础上的，在对现有土地非农化进行严格管制的背景下，土地股份合作制难免会带来与政府主导型土地规模化经营模式相同的问题，即如何弥补土地农用化和非农化之间的巨大收益差距问题。

第五节　小结

我国家庭联产承包制的“均田制”模式自确立之后，又经历了“两田制”——以行政权力推动的规模化经营——四荒地拍卖——股份合作制等其他经营形式的变迁。从总体上看，自改革开放之后，我国农村土地制度的变迁呈现出从政府供给诱致性变迁向农户需求诱致性变迁的转化特征。作为农村土地上最直接的相关人，农民从制度选择的从属地位逐渐转变为制度选择的主体地位，这是一种具有意义深远的改变。从微观层面来看，我们可以用道格拉斯·诺斯的路径依赖理论来解释这种制度演进过程。诺斯（1994）认为，“新的观念一旦在既定的制度框架下得以确立，往往会沿袭既定的路径持续运行，可能进入良性运行的轨道并迅速优化，也可能被锁定在某种无效率的初始状态”。也就是说，制度变迁的最初绩效对制度后续的演化和发展起着决定性的作用。如果最初的制度绩效是良性的，那么之后的经济和政治制度也会进入良性的变迁道路。如果最初的制度绩效是非良性的，那么之后的制度演化就会沿着错误的路径继续发展下去。在我国农村土地上，“均田制”的确立是农地制度变迁路径依赖效应产生的起点，也是土地产权由高度集中向权能细分的起点。在责任制改革初期，原本属于“集体所有”的土地使用权过渡给了农民，农村土地产权制度逐渐朝细化产权、专业分工、减少政府干预的目标迈进。

然而，在肯定土地改革取得显著成绩的同时，农地产权制度演进的掣肘之处，即如何缩小农用地与非农用地的巨大收益差距，也不能忽视。虽然技术的发展、规模效益的提高都有利于增加农业经营收益，但是土地非农化收益要远远高于土地农业化的收益，而且增长速度也更快。两者之间的收益差距在逐渐扩大，而非日益缩小。就目前来说，推动集体建设土地入市，实行宅基地的“三权分置”改革无疑对缩小两者之间的收益差距有积极的作用。但就未来而言，促使集体土地非农化真正惠及于民，而不是被政府通过索取剩余利润来弥补财政收入的不足，才是解决当前农村土地问题真正的可行之道。

第四章

再改革："三权分置"

农地"三权分置"改革的核心是建立与市场经济相适应的产权制度安排，同时保障土地公有制的基本性质。"三权分置"改革是农村土地制度发展的必然趋势，也是解放农村生产力、构建规模化经营模式的必然举措。就目前来说，"三权分置"改革仍然处于初步探索阶段，虽然中央连续下发政策文件加快了"三权分置"改革的步伐，但地方政府对"三权分置"改革的制度设计仍然在进行试点，"三权分置"改革的实际成效也有待时间的进一步检验。

第一节 基于"两权分离"的承包制的缺陷

"三权分置"改革是我国农村生产力发展的必然结果，在国家对农村土地制度进行改革的背后，不仅有着直接的现实原因，也有着多年的体制羁绊。在历史原因和现实原因的相互作用之下，"三权分置"改革开始浮出水面。

一、土地细碎化现象严重

王海燕、濮励杰（2011）认为，土地细碎化有以下三个特征：农户拥有多块互不相邻的土地；地块平均面积过小，存在未实现的地块规模经济；地块分割可通过交换实现合并（与地形地貌无关）。造成土地细碎化现象的原因主要有两个：一个是自然原因，包括地理地貌、水文气候、土壤结构等；另一个是制度原因，造成我国土地细碎化现象的主要原因是制度因素。

实际上，人民公社时期的土地细碎化现象并不严重。当时，农业生产的基本核算单位是生产小队，一个生产小队有25~30户家庭，这就决定了一个生产小队必须占有较大规模的集体土地，从而在制度层面上巩固基本农田的规模化生产。李锦在1977年对山东东平县的采访中写道，"从天上俯瞰东平大地，确实感到壮观，梯田平展，一层一层盘旋，直到'红旗岭'上……到了'六十华里一条线'，看到田地笔直，纵横成行，棋盘一般整齐"（李锦，2000）。虽然当时地方生产队过分追逐的"金镶边""路边花"等形式建设并不利于农业资源的有效利用，但由此也建成了初具规模的基本农田。

然而，在实行"包产到户"之后，由于农村基本核算单位由生产队过渡到了农户，农业经营主体呈现翻倍递增的趋势。原先由一个生产队所占有的土地，平均划分给几十户家庭。“包产到户”所导致的土地细碎化问题陡然加剧。我们可以通过下面一组数据来对我国土地细碎化现象进行更为直观的了解（见表 4-1）。1999 年，我国平均地块大小与表中其他国家相比是最小的，人均只有 0.087 公顷。表中我国家庭经营规模也是最小的，只有 0.53 公顷。在其他国家中，平均地块面积最小的印度是 0.46 公顷，是中国平均地块面积的 5.3 倍。印度的家庭经营规模面积是 2.6 公顷，是中国的 4.9 倍。表中，发达国家中希腊的平均地块面积最小，但它也是中国平均地块面积的 5.7 倍，其家庭经营规模是中国家庭经营规模的 5.3 倍。从 1929 年到 1999 年的 70 年时间里，我国的平均地块面积缩小了 3/4 左右，我国的家庭经营规模也缩小了 3/4 左右，而平均地块数却略有增加。

表 4-1　世界各国土地细碎化情况①

	平均地块大小（公顷）	户均地（块数）	家庭经营规模（公顷）
印度（1961 年）	0.46	5.7	2.6
荷兰（1950 年）	2.3	3.2	7.4
比利时（1950 年）	1.1	6.8	7.5
联邦德国（1949 年）	0.7	10.0	7.0
罗马尼亚（1948 年）	0.9	6.6	5.9
希腊（1950 年）	0.5	5.6	2.8
西班牙（1945 年）	1.6	7.0	11.2
中国（1933 年）	0.38	5.6	2.1
中国（1999 年）	0.087	6.1	0.53

由此可见，我国土地的细碎化问题已经十分严重。对农业生产经营来说，土地碎片化带来的负面影响主要表现在两个方面：第一，它在增加农业成本的同时减少了农业产出。从经营模式来看，土地碎片化经营是违反

① 资料来源：谭淑豪、曲福田、尼克·哈瑞柯：《土地细碎化的成因及其影响因素分析》，《中国农村观察》，2003 年第 6 期，第 25 页。

经济学原理的，因为它很难形成土地规模化经营。"一户一田"的小规模经营模式不仅阻碍了大范围、集约化的农业生产投入，而且由于各家各户的农业经营水平参差不齐，它又阻碍了农业产出水平的提高。对农业技术的普及和基本农田建设而言，碎片化的经营形式大大提高了技术普及和农田建设的成本，也不可避免地造成了农业经营的效率损失。田传浩（2005）基于苏浙鲁地区的经验分析发现，即使将缓解劳动力不足和风险分散等因素考虑在内，耕地碎片化依然超过了农户的需要，并导致了严重的生产效率损失。第二，阻碍土地流转市场的建设。在现有农业经营收益相对较低的前提下，农村地区已经出现了大量抛荒弃耕现象。若将这些抛荒的土地集中起来进行大规模经营，将会有效解决农业经营收益不足的问题。此外，"一户一田"的小规模经营模式在土地流转的过程中产生了大量的交易成本，即使在法律和政策提供了相对稳定的制度环境的情况下，这些交易成本也无法消除。

二、收入差距扩大下的农村劳动力外流

据统计，从 1978 年到 2018 年，城乡居民的收入差距只在 1978～1983 年和 1995～1997 年两个时间段里有所缩小；前一个时间阶段收入差距缩小的原因是由于"包产到户"之后农业生产率的提高和农产品价格的提高，而后一个时间段收入差距缩小的原因则在于农产品价格的提高。在最近 20 年时间里，城乡收入的差距一直在不断拉大，并导致了我国 21 世纪初大范围"民工潮"的诞生。由于从事农业的收益远低于其他行业，因此大批农民离乡离土努力逃离"面朝黄土背朝天"的生活，去追求生活质量更高、福利更好的都市生活。在这个前提下，大量的农村劳动力向第二产业和第三产业转移，许多偏远地区和山区的村落逐渐荒废，抛荒弃耕现象随处可见。

农村劳动力的大规模转移始于 20 世纪 90 年代。自 1990 年之后，我国第一产业的就业人数开始逐渐减少，其所占比例由 1990 年的 60. 1%下降到 2015 年的 27. 7%，下降幅度达到 32. 4%。从产业就业人数比例来看，自 1980 年开始第一产业就业人数比例就在不断下降，从 1980 年的 68. 7%下降到 2015 年的 27. 7%，下降幅度达到 41%。第一产业的就业人数到 2010 年之后已经被第二产业和第三产业反超。在 2015 年的就业人口划分中，第一产业无论是从绝对就业人数（21 919 万人）来看，还是从所占比

例（27.7%）来看，均创下了历史新低（见表4-2）。

表4-2　按三次产业分就业人员数①

年份	经济活动人口（万人）	就业人数（万人）	第一产业（万人）	第二产业（万人）	第三产业（万人）	构成百分比		
						第一产业（%）	第二产业（%）	第三产业（%）
1980	42 903	42 361	29 122	7 707	5 532	68.7	18.2	13.1
1985	50 112	49 873	31 130	10 384	8 359	62.4	20.8	16.8
1990	65 323	64 749	38 914	13 856	11 979	60.1	21.4	18.5
1995	68 855	68 065	35 530	15 655	16 880	52.2	23.0	24.8
2000	73 992	72 085	36 043	16 219	19 823	50.0	22.5	27.5
2005	76 120	74 647	33 442	17 766	23 439	44.8	23.8	31.4
2010	78 388	76 105	27 931	21 842	26 332	36.7	28.7	34.6
2015	80 091	77 451	21 919	22 693	32 839	27.7	28.8	43.5

在农业劳动力减少的情况下，受冲击最大的就是农村土地的耕种问题。对某些交通便利、土壤肥力高、机械化普及率高、土地成片的平原地区来说，农地的利用率还是比较高的；但对于丘陵、山区、土壤肥力低、交通不便的地区来说，农村土地的利用情况令人担忧。2014年，西南财经大学中国家庭金融调查与研究中心对全国29个省、262个县市的住户跟踪调查发现，2011年和2013年分别有13.5%和15%的农用土地处于闲置状态（甘犁，2015）。在农村大量劳动力流出的前提下，若不对土地进行集约化经营，将很有可能危害我国的粮食安全。因此，放活农村土地使用权，实行“三权分置”改革十分有必要。

三、农地保障功能弱化与乡土观念转变

在责任制改革之初，由于我国经济发展水平比较低，社会保障无法完全渗透到农村社会生活之中，因此，土地就成为我国农村社会唯一的保障

① 资料来源：中国统计年鉴（2017）：http：//www.stats.gov.cn/tjsj/ndsj/2017/indexch.htm，访问时间：2018年8月15日。

手段。但是，随着农业相对收益的逐渐减少，农地的社会保障功能也在不断弱化，农民对土地的社会保障依赖程度也在逐渐降低，其主要体现在生存保障弱化、就业保障弱化和养老保障弱化三个方面。

对生存保障的弱化问题来说，梁鸿（2000）在苏南地区的调查显示，已有 81.6%的农户的土地收益无法满足其日常家庭生活消费，只有 18.4%的农户能够凭借经营土地的收益来维持家庭日常消费支出。若去掉失地农民的情况，只有 9.2%的农户还将土地收益作为生存的保障。生存保障的弱化为"三权分置"政策的开展提供了条件。由于农民对土地的依赖性在逐渐降低，因此国家对农村土地经营方式进行产权调整不会触动农民的根本利益。

对就业保障的弱化来说，农村土地的就业保障功能弱化主要是由两方面原因造成的：一是农业生产率的提高；二是农村土地非农化脚步的加快。土地作为一种"廉价"的生产资料，本就具有极强的就业吸附能力，只要身体健康，都可以在土地上进行劳作。在责任制改革初期，我国 10 亿人口中有 8 亿多都是农民。由于当时农业生产率落后，土地的超强吸附性在一定程度上缓解了严峻的就业压力。然而，随着农业生产率的提高、机械化的普及和集约化经营的推进，农民的潜在性失业状态被放大。"在 4.98 亿农村劳动力中，据专家预测，在农村现有的生产力水平和生产规模条件下，只需 1.5 亿劳动力就足矣。"（王瑜等，2011）也就是说，在 21 世纪初的 5 亿农村劳动力中，有 3.5 亿属于潜在失业状态。随着第二产业和第三产业的快速发展，农村土地上已无法再吸纳大量的劳动力，这种就业保障的弱化为土地规模化经营进一步提供了条件。

对养老保障的弱化来说，在 20 世纪 80、90 年代的家庭联产承包制下，土地作为农民最主要的财富来源，其构成了农民养老的主要手段。然而，随着市场经济的发展和农民生活水平的提高，靠土地养老已经远远无法满足农民的需求。虽然我国尚未在所有农村地区建立起相对完善的社会养老保障制度，但在许多较富裕的农村地区，农民已经开始探寻其他养老保障模式，这进一步降低了农民对土地的人身依附性。

农村土地社会保障功能的弱化是我国社会主义市场经济发展的必然现象，这在一定程度上降低了农民对农村土地的依附性。"从土里刨食儿"也许是上一代农民或者上上一代农民的写照，但却绝不是现在的"80 后""90 后"农民的写照。虽然现在许多外出打工或者上学的具有农业户口的人仍然会分得一份承包地，但是，这块承包地已经不会再承载他们养家糊口的希望，他们更愿意将其当作一种纯粹的财产性收益来进行处理和支配，而不再像其祖辈父辈一样将其视若一种身份的象征或者命运的归宿。农地保障功能的弱化引起了乡土观念的转变，而乡土观念的转变又为“三权分置”改革措施的出台提供了主观条件。

四、频繁调整的农村土地产权

我国农地调整方式主要分为两种，一是“大调整”，二是“小调整”。大调整的具体做法又可以分为两类：第一类是在原承包地总面积不变动的情况下，实行“抽多补少”，即按即时人口对本集体成员的承包地进行重新分配，人口数量减少的家庭减少其承包地，并将这些“抽”出来的土地重新分配给人口增加的家庭。至于人口数量不变的家庭，则不需要对其土地面积和相应地块进行调整。第二类是对农户的原承包地完全打乱重新进行分配。不同于第一类做法的是，第二类做法是在重新划分承包地面积的同时，又对地块一并进行重新分配。对“小调整”而言，其指的是在原有的土地地块和面积都不发生变动的前提下，对本集体土地进行小范围调整。相较于“大调整”而言，土地“小调整”的频率要高得多，方式也灵活得多。比如有的地方仅对预留机动地进行调整，有的地方则对个别农户进行土地互换。有些集体会在三五年内对土地进行小调整，有的地方则几乎一年一小调。

自我国确立家庭联产承包责任制之后，农村土地上的产权调整就从未中止过。中国（海南）改革发展研究院在 1999 年组织了一次对东中西三大区域 13 个省总共 291 家农户的调查，结果显示在这些地区，土地频繁调整是广泛存在的现象。村集体在颁布的土地承包经营权证书中，明确规定允许土地进行一定程度的调整，有的对土地调整的时间进行了规定，有的对土地调整的程序进行了规定。在上述调查中，在问及“你认为今后 30 年使用期内还会进行土地调整吗”的问题时，有 50.5%的人都选择了“会进行调整”，只有 13.7%的人选择“肯定不会调整”［中国（海南）改革发展研究院，2018］。通过对 1999 年全国范围内土地延包情况的考察，有 57%的集体选择对承包地进行调整，有 17%的集体对承包地进行大调整［中国（海南）改革发展研究院，2018］。

廖洪乐对湖南、浙江、四川、山西、安徽等五省 30 个行政村 90 个村民小组的调研显示，自实行土地承包制度以来，90 个村民小组中的 88 个都进行过土地调整。调整次数总共达到 562 次，组均 6.2 次；其中，"大调整" 99 次，平均每组 1.1 次，"小调整" 463 次，平均每组 5.1 次（张红宇，2002）。

杨学成（2011）在 2000 年对河南、山东、江西、江苏四省 344 个县（市、区）共计 742 个行政村的调查发现，自实行土地承包制度以来，这些地区有 89.6%的村对土地进行过程度不一的调整，平均调整次数达到了 3.9 次；其中，"大调整"的平均次数为 1.9 次（大多数的"大调整"都是一年一调）。在 1997 年实行土地二轮承包之前，上述地区的土地调整次数更加频繁。在已经实行了土地延包的 601 个行政村中，有 432 个村对土地进行过调整，调整比例达到 71.9%；其中实行"大调整"的村子有 247 个，占调整总数的 41.1%，实行"小调整"的村子有 185 个，占调整总数的 30.8%。

实际上，我国中央政府从未鼓励过农民对土地产权进行频繁的调整。在 1984 年初，国家为了保证经济不发达地区的农民都能从土地上平均分享收益，不得已提出了"大稳定，小调整"的政策，但这项政策主要是国家作为实行家庭联产承包责任制 15 年不变的配套政策展开的，其目的是防止承包周期过长而引起大范围收入不均衡的情况。然而，"大稳定，小调整"政策的出台无疑为农户私下进行土地频繁调整提供了"政策支持"，在第一轮 15 年土地承包期内，各地的土地频繁调整已经达到了十分严重的地步，在许多地方甚至已经影响到了农户承包土地的信心和积极性。为此，我国在 1997 年又提出了"土地承包期 30 年不变"的土地二轮承包制度，并提倡实行"增人不增地，减人不减地"的土地政策。

对国家和农户的"行为"进行对比可知，国家并不想频繁调整土地，而农户却想要频繁调整土地。这种矛盾的背后是日益增长的农村人口数量与不变的耕地面积之间的矛盾，也是农民"平均地权"观念与农业规模化发展之间的矛盾。随着农村土地制度改革的进一步推进，国家对农村土地调整的态度一直很稳定，即在维护农村社会秩序的前提下尽量不调整土地；农户对土地产权的调整则经历了一个认知变迁的过程。在第一轮土地承包期内，农民对土地产权的调整需求度更高，受制于第二产业和第三产业较低的发展水平，农民没有充足的非农就业机会，这就使得所有基于生活利益的冲突全部集中在农村土地上，只有对农村土地进行频繁的调整才能减少这种冲突。在1997年国家实行二轮承包之后，第二产业和第三产业发展加快，农户的非农就业机会增多，这就使得他们对土地调整的需求逐渐减弱。农业部农村改革试验区和美国华盛顿大学农村发展研究所曾于1996年对福建、陕西两省4县共1 080户家庭进行调研，结果显示，93%的农户都希望获得土地的长期使用权，他们也表示会对土地进行长期投资。但对于“增人不增地，减人不减地”的政策他们的态度又很模糊：有49%的农户不赞同这一政策，但也有45%的调查对象支持这一政策（罗伊·罗斯特曼）。

若从土地调整的实效性来讲，土地的过度频繁调整是有害的，它对于农户的经营预期、长期性投入以及保护性利用都产生了十分不利的影响。就我国目前的农村土地流转而言，对农村土地产权频繁进行调整势必会降低经营者产权预期的稳定性，从而阻碍土地流转市场的建设以及农地规模化经营的实现。

综上可知，土地细碎化问题、收益差距扩大问题、农村劳动力外流问题、农地社会保障功能弱化问题、农民乡土观念转变问题以及产权的频繁调整问题等，都构成了“三权分置”改革措施出台的重要因素。“三权分置”改革是我国农民自己选择的新型土地经营方式，它符合农业生产力发展的必然要求，也必将主导我国未来农地产权制度变迁的大方向。

第二节　“三权分置”改革的构思

从上一章的案例分析可知，在家庭联产承包责任制确立之后，我国农村土地制度又经历了许多经营方式的变革，但是，令人遗憾的是，这些变革并不能有效突破小农经营模式的局限。为了给规模化经营模式创造制度上的条件，“三权分置”改革便应运而生。然而，作为2014年之后新提出来的农地经营方式，“三权分置”改革仍然停留在制度落实层面。如何解决好顶层制度设计与具体制度联系、突破原有制度理论的辖制、构建合理的权能结构等问题，仍然是亟待完善的课题。

一、“三权分置”改革的顶层制度设计

在“三权分置”改革的顶层制度设计方面，中央政府是分为三个步骤展开的，即：土地确权——政策上完善“三权分置”——将“三权分置”

写入法律。就土地确权而言，2008年，《中共中央关于推进农村改革发展若干重大问题的决定》最早规定了土地确权试点工作。2009年的中央一号文件再次提出，要"做好集体土地所有权确权登记颁证工作，将权属落实到法定行使所有权的集体组织"；自此，土地确权试点工作正式展开。

在2008年到2010年的3年时间里，农业部先后选取了8个行政村开展土地确权试点工作。2011年，由国土资源部、农业部与财政部联合下发的《关于加快推进农村集体土地确权登记发证工作的通知》规定，"要在2012年于全国范围内实现土地所有权确认到每个集体经济组织的工作"。2012年，《关于加快推进农业科技创新持续增强农产品供给保障能力的若干意见》规定，"2012年基本完成覆盖农村集体各类土地的所有权确权登记颁证，推进包括农户宅基地在内的农村集体建设用地使用权确权登记颁证工作"。2013年，土地确权工作试点扩展到50个县（土流网，2018），并且确权种类已不再限于土地所有权，而是延伸到了土地承包经营权方面，土地确权对象也从原来的耕地延伸到了森林、草原等。

随着2014年中央一号文件的印发，土地确权工作正式全面展开，农业部在已有试点上，新增了安徽、四川、山东三个省整省进行土地确权试点工作。中央对确权方式也有了新的规定，"可以确权确地，也可以确权确股不确地"。2015年的中央一号文件将原有"确权确地"和"确权确股不确地"两个平行选项进行了主次调整，"确权确地"是主要的确权方式，"确权确股不确地"是次要的调整方式，"对土地等资源性资产，重点是抓紧抓实土地承包经营权确权登记颁证工作，扩大整省推进试点范围，总体上要确地到户，从严掌握确权确股不确地的范围"。2016年，《关于落实发展新理念加快农业现代化实现全面小康目标的若干意见》指出，"到2020年基本完成土地等农村集体资源性资产确权登记颁证、经营性资产折股量化到本集体经济组织成员，健全非经营性资产集体统一运营管理机制"。土地确权政策的全面落实是"三权分置"展开的前置性要件，它为农地"三权分置"改革的深入推进提供了条件。

对"三权分置"改革的政策完善而言，2014年中央一号文件指出要在土地集体所有的基础上，开展农地"三权分置"改革。此后，"三权分置"改革的政策制订脚步逐渐加快。2016年10月，中央印发了《关于完善农村土地所有权承包权经营权分置办法的意见》，该文件对"三权分置"改革进行了更为详细的规定，对"三权分置"的性质进行了明确："'三权分置’是农村基本经营制度的自我完善，符合生产关系适应生产力发展的客观规律。”2017 年的中央一号文件再次提出，要继续深化农村产权制度改革，“三权分置”要平稳有序地推进。2018 年的中央一号文件将“三权分置”的触角伸到农村宅基地改革领域，提出要“完善农民闲置宅基地和闲置农房政策，探索宅基地所有权、资格权、使用权‘三权分置’”。随着 2018 年中央一号文件的颁布，农地“三权分置”改革在上层设计上已经趋于稳定，各地政府纷纷出台相关政策推进和落实“三权分置”改革。

对“三权分置”改革入法而言，2018 年 12 月 29 日，第十三届全国人大常委会第七次会议审议通过了《中华人民共和国农村土地承包法修正案（草案）》，文件重点围绕土地经营权“三权分置”、完善土地承包经营权权能、保持农村土地承包关系稳定、维护进城务工农民合法土地权益、保护妇女合法土地权益等重大问题展开。修改后的《中华人民共和国农村土地承包法》第九条规定，“承包方承包土地后，享有土地承包经营权，可以自己经营，也可以保留土地承包权，流转其承包地的土地经营权，由他人经营”；第十七条第二款和第三款规定，“承包方享有下列权利：（一）依法互换、转让土地承包经营权；（二）依法流转土地经营权”。除此之外，《中华人民共和国农村土地承包法》新增加的第二章第五节（第三十三条到第四十七条），对土地经营权的流转、登记、抵押担保等制度进行了规定。

除此之外，中央政府对农地制度改革的顶层制度设计还包括土地流转市场的建设、集体经营性建设用地入市、规范土地征收程序等。2013 年的中央一号文件提出，要“引导农村土地承包经营权有序流转，鼓励和支持承包土地向专业大户、家庭农场、农民合作社流转，发展多种形式的适度规模经营”。2014 年的中央一号文件强调，要引导和规范农村集体经营性建设用地入市，“允许农村集体经营性建设用地出让、租赁、入股，实行与国有土地同等入市、同权同价”。2015 年 3 月，国土资源部在全国选取 15 个市（县），开展农村集体经营性建设用地入市试点工作。2015 年的《京津冀协同发展规划纲要》中规定，要在 33 个试点区县展开土地征收制度改革试点工作等。

总体来看，土地确权制度工作给每个农户提供了清晰的土地产权制度边界，这为“三权分置”的展开扫清了道路。而土地流转市场的建设、集体经营性建设用地入市、规范土地征收程序等制度作为同步推进的配套措施也为"三权分置"改革奠定了基础。在"三权分置"改革的政策趋于稳定之后，新型土地经营制度入法就成了自然而然的事情，这也符合我国中央政府一贯坚持的"先政策、后法律"的农村土地制度变迁路径。

二、"三权分置"改革的内涵解读

"三权分置"改革指的是在明确集体土地所有权和稳定土地承包经营权的基础上，放活土地使用权。这种新建立的经营权应满足可转让、可抵押的要求。而要达到这一要求，就必须将这一权利物权化（孙宪忠，2017）。这样一来，源自1978年的"两权分离"的农村土地经营体系将正式由集体土地所有权、土地承包经营权和土地经营权三权并存的新型农地经营体系所代替。

第一，"三权分置"改革的重点是放活使用权。自20世纪80年代我国家庭联产承包责任制确立之后，农民对集体土地的使用权能日益扩大，但是现有法律规定的土地流转体系仍存在许多弊病。首先，土地流转行为不规范。许多土地承包者在土地流转过程中既未经过有关部门的审批，也没有向有关部门进行备案，这就使得土地的使用权流转管理情况十分混乱。在许多地方，农地流转双方大多是用口头协议的方式确立流转关系，只是少数有书面协议，即使是书面协议也存在条款不规范、不齐全、不具体的情况（李跃，2010）。其次，土地大规模流转难以实现。家庭联产承包责任制是以"户"为单位的，这造成了我国农村土地的碎片化经营现象严重。由于国家对使用权流转的规定仍然停留在债权层面，因此土地流转大都是个别农户自发进行的，大范围的、有组织的土地流转情况仍然相对少见。再次，农民权益无法得到有效保障。原有的土地流转制度对土地流转条件限制过多，并且原有的土地流转制度缺乏对农民在土地流转之后的社会保障，许多农民在将土地流转之后直接面临失业和失地。由于土地流转行为无法为农民创造多余的可持续性收入，因此农民的土地流转意愿较为低下。最后，土地流转用途混乱。原有的土地使用权流转限制过多，而且并没有与之配套的管理制度，土地流转过程十分混乱。在监管不力的前提下，土地流转的用途往往无法得到有效控制，许多比较偏远地区仍存在着大量土地私自"农转非"的情况。

所以，考虑到现有土地流转制度的诸多缺陷，在原有土地经营体系的基础之上，放活土地使用权就显得十分有必要。实际上，放活土地使用权并不是完全对土地交易放任自流，它仍然需要把握以下两方面的内容。首先，减少农地流转的限制条件，为农地流转打开一条绿色通道；其次，规范农地流转的程序，加强对农村土地流转制度的监管。农村土地流转是为了给农民创造更多的利益，政策制定者不能仅仅将目光盯在放宽土地流转限制条件上。放松对土地流转制度的限制是相对的，从某种意义上来说，加强对农地流转的规范管理可以大量减少损害农民利益的行为，同时也可以保障土地资源的合理利用，这与“三权分置”改革的初衷是相吻合的。

第二，土地经营权“物权化”。在实行“三权分置”改革之前，我们并非不允许土地使用权流转。例如，2002 年颁布的《农村土地承包法》规定，农村土地可以采取互换、出租、入股等方式流转；2005 年颁布的《农村土地承包经营权流转管理办法》规定，“承包方依法取得的农村土地承包经营权可以采取转包、出租、互换、转让或者其他符合有关法律和国家政策规定的方式流转”。

在已有的法律规定中，土地流转的方式有互换、出租、入股、转包、转让、代耕等六种之多。转让与互换是具有物权性质的流转方式，而出租、代耕、转包则是具有债权性质的流转方式。其中，某些流转方式的性质仍存争议，如转包和代耕，有学者持债权说，也有学者持物权说（陈小君，2012；袁震，2011；周应江，2010）。然而，虽然上述法律规定的土地流转也有物权性质的流转方式，但这些方式都是在债权性质的法律体系下进行的。这种“物债并行”的土地产权制度已经无法满足农村经济发展的需要，其不足之处体现在以下几点。

首先，债权性流转方式不存在与之相配套的公示制度。在承包地经过多次倒手之后，不同权利主体之间极易诱发土地纠纷。其次，物债杂糅的法律体系无法给予土地经营权人稳定的产权预期，这极大地影响了土地流转的效率和相关主体种粮的积极性，不利于农业经济可持续发展的需要。再次，同一种性质的流转采取不同的流转方式，有重复规定之嫌。例如，出租、代耕与转包都是具有债权性质的流转方式，只是具体称谓和表现方式不一样而已，但却同时规定在了《农村土地承包法》当中，这种直观反映的方法将三者并行于法律当中，使得法律关系更为复杂而且相互重复，不利于在现实情况中的法律适用。最后，债权作为一种相对权，其流转方式并不需要法定。而我国《农村土地承包法》将不同性质的流转方式一同加以规定，明显违背了基本的债权与物权区分原则，并且有弱化物权性土地流转方式的风险。

除此之外，现有法律对土地流转也做了硬性的要求。《农村土地承包法》规定，本法中的"转让"只适用于"承包方有稳定的非农职业或者有稳定的收入来源，经承包方申请和发包方同意，将部分或全部土地承包经营权让渡给其他从事农业生产经营的农户"，而像互换、转包、代耕等流转方式也只限于村集体内部成员，并不包括村集体外部成员或者其他经济组织。所以，农村经济发展的新形势要求必须强化土地承包经营权的物权属性，给予土地流转人稳定的产权预期。

第三，坚持以家庭承包经营为基础、统分结合的双层经营体制。家庭联产承包责任制是我国农村土地基本经营制度，虽然在实行了 30 年后，现有的以"户"为单位的分散化经营模式已经不再适应农村经济发展的需要，但是在实行"三权分置"改革的过程中，我们仍然要坚持家庭联产承包责任制，因为家庭承包经营制度不仅承载着发展农村经济的职能，还要承担一定的社会保障职能。虽然现在农民的生活水平已经大大提升，但是土地的社会保障功能仍然不容忽视。若为了实行农地"三权分置"制度而骤然撤销家庭联产承包责任制，势必会在广大农村地区出现大范围的社会动荡和秩序不稳。

在国家实行"三权分置"改革之后，原有在集体和集体成员之间划分土地权能的情况将被集体、集体成员和土地经营权人三者所代替。对于集体来说，它享有的土地所有权保持不变，它仍然是法律意义上唯一合法的农村土地所有者。相比较之下，集体成员的权能将会发生变化，这又可以划分为以下两种情况。对没有将土地经营权流转为经营权人的集体成员来说，他们的权利内容将保持不变。对已经将土地承包经营权流转给土地经营权人的集体成员来说，他们将丧失对承包地的占有权和使用权，并且他们的土地处分权也将随之丧失，因为该承包地在流转之后将形成新的用益物权，根据用益物权的独立性原则，原土地承包权人不得妨碍土地经营权人的正常经营活动，所以，原集体成员也就不再享有对该承包地的二次处置权；但是，原土地承包权人仍然享有一定的土地收益权，这部分收益权主要包括合同约定的农业生产性收益、国家补贴收益、土地征收补偿收益、土地有偿退出收益等。

对土地经营权人来说，首先，他们的主体范围不再局限于集体内部成员，土地经营权人的范围可以放宽到其他经济组织成员，或者是某些由城市资本组成的从事农业生产的企业。其次，土地经营权人会享有完整的土地占有权、使用权以及一部分从事农业生产所获得的收益权。但是，因土地征收而获得的补偿性收益仍然归原土地承包经营权人所享有，土地经营权人不享有此收益。最后，土地的处分权状态也仍然参照家庭联产承包制下的权能结构，但相比于前者又有两点不同：一是土地承包权人的处分权能将被剥夺，并将其转移给土地经营权人；二是土地的处分权能除了上述所说的内容外，一部分权能不能完全移转，比如代耕、互换、转包等。因为根据现有法律规定，它们只限于本集体内部成员之间的交换，并不能与集体组织之外的成员进行流转。若想要放开这部分权能的流转范围，就必须先对当前的法律制度进行修改。而对于出租、转让、入股等没有身份限制的处分行为，则可以由土地经营权人完全继承之。除此之外，根据现有政策规定，农户所享有的土地处分权还新增了担保权和抵押权，这些权利一并可以由土地经营权人所享有。

三、“三权分置”改革的具体制度构建

“三权分置”改革的权能构建主要包括合同缔结、经营权抵押、土地经营权的存续以及原始土地经营权与继受土地经营权的流转限制等问题。

（一）合同缔结问题

无论是家庭联产承包责任制中的土地承包经营权合同，还是“三权分置”中的土地经营权合同，它们都绕不开合同缔结问题，当事人之间的权利义务关系、权利具体内容、权利行使条件都需要表述在土地流转合同中。订立土地经营合同的法律规则在这里具有核心的制度意义，相关的法律修订或者制定，必须依法对土地经营合同的订立设立明确的制度（孙宪忠，2016）。对土地经营权合同的订立而言，它主要包括以下两方面内容：一是合同订立的主体问题；二是合同订立的内容问题。对合同订立的内容而言，本着意思自治的原则，当事人之间可以在不违背法律规定的前提下自愿协商签订具体的土地经营权合同。所以，本节主要讨论的就是合同订立主体问题。

1. 由土地经营权人与集体成员订立合同的情况

由土地经营权人直接与农户订立合同的情况主要发生在我国中西部地区，造成这种现象的主要原因在于该地区的集体经济组织作用退化，甚至

是消失。由于这些地区的经济基础薄弱，生活来源主要以农业为主，乡镇企业发展普遍缓慢，因此集体经济组织缺少经济支撑。在家庭联产承包责任制"二轮承包"之后，原有的集体成员所享有的土地权利已经固化，农户既无意，而且也有一定的权利去阻止集体经济组织主动调整农村土地，这就使得集体经济组织所应当具有的功能进一步弱化。因此，这些地方的土地经营权合同缔结情况就出现了经营权人与集体成员订立合同的模式。

调查显示，在陕西、河北等地进行的土地经营权流转的实验中，与土地经营权人签订土地流转合同的相对方都是一家一户的集体成员。由于这些地方集体经济组织功能的缺失，当土地流转规模较大时，一般会由村委会出面协助土地流转合同的订立。实际上，土地经营权人无论是直接与农户签订流转合同，还是借助于村委会的介入与农户签订合同，他们都会事前与村委会在土地流转事宜上达成一致。在土地流转过程中，基本上不存在土地流转合同已经订立，但村委会却不知情的局面。然而，在土地流转过程中也难免会遇到"钉子户"的情况，若此时村委会出面也无法解决农户和经营权人之间的利益分歧，那么，该农户也有权利选择不与土地经营权人签订合同。因此，在这些地区往往会出现一个村集体内部一部分人实现了土地规模化经营，但另一部分人却仍然坚持条块化经营的情况。

2. 由土地经营权人与集体经济组织订立合同的情况

此种情况主要出现在经济比较发达的东南沿海地区，而其确立的条件还可以追溯到 20 世纪 80 年代国家实行的土地规模化经营试验。当时，"家家都种田、户户小而全"的承包责任制体制弊病日益明显，为了提高农业生产的收益，国家开始在这些地方实行土地规模化经营试验。在具体实践中，有些地方通过在集体内部寻找种粮能手，意图建设初具规模的家庭农场；而有的地方积极吸引具有特种农业作业能力的企业，采取"农户+企业"的方式对土地进行规模化经营。如上海松江郊区的家庭农场经营模式，在经历了数十年的发展完善之后，现在已经成为土地规模化经营的佼佼者。从 2008 年到 2011 年，上海松江区家庭农场的户均收入从 7.45 万元增长到了 10.1 万元。2011 年的抽样调查显示，松江区 100 个家庭农场的户均总收入达到了 265 357 元，扣除各项成本后的户均净收入为 93 122 元（土流网，2018）。

从法律上讲，集体经济组织与本集体成员签订的土地承包经营权合同一般叫作"租赁合同"，而集体经济组织与土地经营权人签订的经营权流转合同一般叫作“承包合同”，在两个合同的对接下，农户与土地经营权人就不再存在直接的合同关系。在现实情况中，集体经济组织签订土地经营权流转合同主要分为以下几个步骤：首先，该地区有比较完善的集体经济组织。如果该地区没有建立集体经济组织的话，由政府出面协助其建立集体经济组织。其次，确定该集体内部成员的权利，也即确定“成员权”，这与我国现在开展的土地确权工作十分类似。通过确立集体成员的成员权，可以将集体成员所享有的土地权利折合成股份，继而做成“台账”，交由镇政府保管。再次，由集体经济组织积极引入合适的土地经营者，并与之签署集体土地经营权流转合同。最后，按照农户所享有的“股份”，由土地经营者支付给集体成员一定的“租金”。

其实，由土地经营权人与集体经济组织订立合同的情况，还有一个专业的名词叫作“反租倒包”。在 20 世纪 90 年代，东南沿海地区的“反租倒包”情况已经初具规模。随着国家对农村土地“三权分置”改革的深入推进，这些地区的土地经营权流转遭遇到的阻力较小，土地流转市场的建设在全国范围内也处于领先的水平。

3. 由土地经营权人与村委会订立合同的情况

由土地经营权人与村委会订立合同的情况主要出现在经济不发达的地区。由于这些地区的集体经济组织没有完全建立起来，而农户也不太可能直接越过村委会将土地经营权转让出去，所以，村委会就代替农户和集体经济组织与土地经营权人签订土地流转合同。例如，在吉林省延吉地区，当地的青壮年劳动力大都去韩国打工，留在村里的主要是老人和儿童，土地闲置情况十分严重。为了改善这种局面，当地政府积极引进外地的种粮能手和农业企业，在当地建立起了初具规模的家庭农场和小型种粮企业。由于当地的村集体经济组织并没有有效建立起来，所以，与土地经营权人签订土地流转合同的主体大多就是村委会（孙宪忠，2016）。然而，由村委会担任合同订立主体的情况也存在一定的弊端。由于村委会所依据的户籍制度和集体经济组织中的“成员权”并不是完全重叠，因此由村委会订立合同的制度一般只适合于经济不发达地区和人员流动比较缓慢的地区。对于人员流动较大的地区来说，相对固化的户籍制度很容易使得农户之间、农户与村委会之间产生矛盾；所以，对经济发达地区而言，应当慎选由村委会出面与土地经营权人签订合同的情况。

由上可知，我国现有土地经营权合同缔约主体有集体成员、集体经济组织和村委会三种。在对三者进行比较之后，本书认为选择集体经济组织作为缔约主体的情况要比其他两者更适合农村经济发展的要求。然而，考虑到我国各省的经济发展状况不同，若贸然采取"一刀切"的做法又会显得不切实际，所以，在现有条件下，根据各地的实际情况因地制宜采取土地流转办法才是最合适的。

（二）经营权抵押问题

关于"三权分置"改革中土地经营权是否能抵押的问题，最早的规定出现在党的十八届三中全会通过的《中共中央关于全面深化改革若干重大问题的决定》当中，该决定明确赋予了农民"对承包地承包经营权抵押、担保权能"。在2014年的中央一号文件《关于全面深化农村改革加快推进农业现代化的若干意见》当中，国家又进一步规定，"允许承包土地的经营权向金融机构抵押融资"。在2015年、2016年和2017年的中央一号文件当中，国家始终坚持开展土地经营权抵押试点的工作。对土地经营权抵押制度的构建而言，它是"建立在承包土地的所有权、承包权、经营权'三权分离'基础之上的，体现了承包权主体与经营权主体的分离，是落实'稳定农村土地承包关系并保持长久不变'的重要措施"（房绍坤，2014）。然而，土地经营权的抵押工作并不是在短时间内就能完成的，它需要集中解决以下几个方面的问题。

1. 明确土地经营权抵押的内容

对土地经营权的抵押性质，学界的认识是比较统一的，"在性质上属于不负载任何社会保障功能的用益物权，为能使土地承包经营权产生更大效应，应赋予他们以抵押功能"（朱广新，2015）。然而，土地经营权的抵押内容是什么呢？实际上，土地经营权又可以分为两部分：一是原始存在的土地承包经营权；二是继受取得的土地经营权。对土地承包经营权来说，它的内部又可以分为以成员权为主要依据的承包权和以财产权为主要依据的经营权。现在有一部分学者认为，土地经营权抵押包括土地承包经营权抵押权和土地经营权抵押权两部分，这其中说的土地承包经营权指的就是财产权的部分（高圣平，2016）。我们对此也持肯定的态度。若将土地承包权作为一个整体来看的话，我们不宜对其进行过多讨论。因为我国《物权法》第一百八十条虽然规定，"以招标、拍卖、公开协商等方式取得的荒地等土地承包经营权"可以设定抵押权；但该法第一百八十四条又规定，"耕地、宅基地、自留地、自留山等集体所有的土地使用权"不得抵押。而且，对土地承包经营权来说，抵押实际上就是一种处分，一旦允许抵押担保，倘若到期无法履行债务，就需要对抵押物进行处分，由此即变成了事实上的农户承包的土地丧失，这与我国农村土地承包权设置的初衷相背，也不符合现行农村土地改革的政策底线（焦富民，2016）。

所以，土地经营权抵押仍然指土地上的财产权部分，而“承包权作为物权依然不许抵押，这样既能缓解农民的贷款难，又能做到风险可控，即便到期还不上贷款，农民失去的也不过是几年的经营收益，并不会威胁到他的承包权”（人民日报，2013）。若将土地承包经营权作区分的话，土地承包经营权人和土地经营权人都享有抵押权，只是前者的抵押权内容针对的是土地经营权一部分，并不包括以身份权为基础的土地承包权。

2. 登记是土地经营权抵押制度构建的前置要件

就我国目前的确权登记执行情况而言，土地承包经营权的确权登记已经取得了较大的进展。2016 年的中央一号文件规定，“到 2020 年基本完成土地等农村集体资源性资产确权登记颁证、经营性资产折股量化到本集体经济组织成员，健全非经营性资产集体统一运营管理机制”；同年 3 月 15 日，由财政部、中国人民银行、中国保险监督管理委员会、中国银行业监督管理委员会、农业部联合颁布的《农村承包土地的经营权抵押贷款试点暂行办法》第六条规定：“通过家庭承包方式取得土地承包经营权的农户以其获得的土地经营权作抵押申请贷款的，应同时符合以下条件：……（三）依法拥有县级以上人民政府或政府相关主管部门颁发的土地承包经营权证；……”然而，抛开现有的确权登记制度不说，我国的土地承包经营权制度虽然已经实行多年，但在物权变动的公示登记上面却一直采用登记对抗主义原则，而非登记生效主义原则。也就是说，农户之间的转包、互换、代耕等行为并不需要去土地主管部门进行公示登记，他们因此也就无法取得相关的土地权属证明。对此，立法机关所做的解释如下，“承包方案经村民会议或村民代表会议讨论同意，集体经济组织成员相互熟悉，承包的地块人所共知，能够起到相应的公示作用”（全国人大常委会法制工作委员会民法室，2017）。然而，在“三权分置”制度下，土地经营权人有可能是“熟人”，也有可能不是“熟人”。若继续采取“两权分离”时期土地权属变动的登记对抗主义原则，那么只会使土地流转制度更加混乱，就更谈不上设立土地经营权抵押制度了。

《农村承包土地的经营权抵押贷款试点暂行办法》第七条规定：“通过

合法流转方式获得承包土地的经营权的农业经营主体申请贷款的，应同时符合以下条件：……（三）已经与承包方或者承包方书面委托的组织或个人签订了合法有效的经营权流转合同，或依流转合同取得了土地经营权权属确认证明，并已按合同约定方式支付了土地租金；"也就是说，在现有政策层面上，土地经营权要设定抵押也必须取得相关部门的权属证明，这就要求我们必须进一步展开土地经营权的确权登记工作。而土地经营权作为已经明确规定的用益物权，对其进行确权登记也符合物权的绝对性和对抗性的本质。在确权登记的形式上，我们认为"三权分置"制度下的土地经营权确权采取登记生效主义要比登记对抗主义更适合农村土地流转市场的规范。不能由我国《物权法》第一百二十七条确立的土地承包经营权采取登记对抗模式而推导出经营权无须登记的逻辑结论，因为承包经营权的取得是否采取登记生效主义，其与以承包经营权的部分权能（加上新赋予的权能）为客体的经营权的设立是否采取登记生效主义之间没有直接关系（潘俊，2014）。登记对抗主义作为一种消极的物权保护原则，并不利于土地经营权的物权化和土地经营权的流转，我们不能将"两权分离"时期存在的土地流转制度的弊端继续沿用到"三权分置"时期。

3. 土地经营权抵押的实现方式

首先，在原则上，我们应当坚持我国《物权法》第一百九十五条的规定，即"债务人不履行到期债务或者发生当事人约定的实现抵押权的情形，抵押权人可以与抵押人协议以抵押财产折价或者以拍卖、变卖该抵押财产所得的价款优先受偿"。对于土地经营权的抵押来说，大部分的学者都认为可以允许拍卖和变卖的形式存在，但却不同意采用协议折价的方式来获取土地经营权。对此，《农村承包土地的经营权抵押贷款试点暂行办法》做了解释：由于土地经营权抵押的抵押权人主要是银行业金融机构，若采取协议折价的方式取得土地经营权，"则与其身份不符，也不利于土地的经营利用"（房绍坤，2014）。所以，在拍卖和变卖的前提下，若借款人到期不能履行债务。那么银行业金融机构就能将土地经营权进行拍卖、变卖，并将获得的价款优先受偿。而土地经营权的拍卖、变卖也只是土地财产权的一种处分，并不涉及土地承包权的层面，因此，它也不会对现有的土地承包经营制度产生冲击。

其次，在具体实践过程中，如何解决土地经营权抵押处置难的问题。土地经营权抵押是党的十八届三中全会之后出现的新制度，相较于登记问题，它没有任何可借鉴的现实案例。如何在既有原则基础之上，顺利地实现土地经营权的抵押就成了一个十分重要的问题。为解决这一问题，《农村承包土地的经营权抵押贷款试点暂行办法》做了一定的努力，该办法规定了两种比较具体的做法，一是“协议转让”，二是“交易平台挂牌再交流”。其中，“协议转让”指的就是我们上述所说的具有拍卖、变卖性质的处置方法。而对“交易平台挂牌再交流”来讲，它指的是：试点地区政府依托公共资源管理平台，推进建立县（区）、乡（镇、街道等）等多级联网的农村产权交易平台，其目的就是为了建立承包土地的经营权抵押、流转、评估和处置的专业化服务机制，完善承包土地的经营权价值评估体系，推动承包土地的经营权流转交易公开、公正、规范运行。除此之外，我们建议不妨引入强制管理的制度。因为银行业金融机构虽然会对土地经营权进行拍卖、变卖、“协议转让”和“交易平台挂牌再交流”等行为，但这并不必然代表一定会有受让人来继受该土地经营权。为应对这一情况的出现，抵押权人可以对该土地经营权进行强制管理，并对强制管理所取得的收益实行优先受偿，在抵押权人弥补损失之后，抵押人仍然可以获得自己的土地经营权。

再次，“按序清偿”的顺序如何划分？土地经营权作为一种财产性权利，它自然包含占有、使用、收益和一定的处分权能。当债务人无法偿还到期债务时，抵押权人应当优先对哪一部分土地经营权能行使权利呢？有学者认为：在承包土地的经营权抵押人难以偿还抵押的一定金额时，抵押权人应当优先收取承包土地经营权上的地上附着物的收益权；倘若不足抵偿，再行取得经营权的占有、使用和一定的处分权（焦富民，2016）。对此我们也持赞成的态度。相较于其他权能，土地承包经营权中的收益权是弥补抵押权人损失最直观的方式，将收益权作为抵押权人实现清偿功能的优先权利，最有利于保护抵押权人的利益。

（三）权利限制问题

在对“三权分置”制度进行构建的过程中，除了上述我们所提及的合同订立问题和土地经营权抵押问题之外，还应当对土地经营权的权利内容进行一定的限制。这又主要包括三方面的内容：土地经营权的用途规制，土地经营权的存续期，以及原始土地经营权与继受土地经营权的流转限制问题。

1. 土地经营权的利用目的只能用于农业用途

在家庭联产承包责任制的农地制度下，农户所承包的土地只能用于农业用途。虽然在"三权分置"制度下，现在的土地承包经营权分为土地承包权和土地经营权两种形式，但是农村土地的农业用途一定不能改变。耕地的有效保护不仅关乎农民的生活保障问题，还关乎国家的粮食安全和长治久安的大问题。在促进农业发展和三产融合的大环境下，切实保护好我国的耕地红线是加快推进农村现代化建设的前提条件。

2. 土地经营权的权利存续期问题

国家自1997年实行农村土地"二轮承包"之后，土地承包经营权已经走过了20多年。那么，对土地经营权来说，当原农户的土地承包经营权到期之后，他是否可以继续经营该土地呢？这又可以分为两种情况：第一，若原承包人选择继续向村委会或者村集体承包该土地，那么，土地经营权人可以继续经营该土地。第二，若原承包人不再选择向村委会或者村集体承包该土地，那么，土地经营权人的土地使用权也将随之消灭。也就是说，土地承包经营权的存续期是土地经营权存续期的先决条件，后者的权利期限要视前者的具体情况而定。

在此，我们有必要讨论一下土地经营权的继承问题。我国现有法律规定享有土地承包经营权的集体成员并不享有该权利的继承权，因为农村土地的所有权人是集体而非农户，将土地承包经营权的继承权放开有可能引起"公有制"与"私有制"的争论。然而，在我国现有的土地承包经营权实践当中，正常的农村家庭成员都会存在生老病死的情况，而物权化的土地承包权又具有"增人不增地、减人不减地"特性。所以，在一户家庭的上一代人去世之后，其土地承包经营权便自动转移到下一代人身上，在我国几乎不存在父母双亡，但集体又将承包地收回的情况。即使某村集体将该土地进行了回收，由于其他集体成员的土地不能随意调动，回收的土地依然要发包给原来的家庭，这种事实意义上的权利转移已经构成了权利继承的内核。

也有学者呼吁国家放开土地承包经营权的继承部分，如陈广华（2018）认为，"农户承包权虽具有身份属性，但是其身份特征在土地初始分配阶段完成以后自动转化为保障性功能，在权利性质上应当是一项独立的用益物权，在制度设计上，应当允许具备本集体经济组织成员身份的继承人继承该项权利"；但就目前来说，土地承包经营权的继承仍将在长时间内继续保持悬而未决的状态。

那么，对土地经营权来说，其作为一种新设立的土地用益物权，是否也有余地去讨论权利继承的问题呢？我们认为这个问题是值得商讨的。但是，现有的“三权分置”改革仍处在初级探索阶段，若跳过“三权分置”的实践情况，直接对土地经营权的继承进行探讨，难免显得操之过急。不过可以肯定的是，随着“三权分置”的进一步发展，土地经营权的继承问题将随着土地承包经营权继承问题的解决而一并映入学界的视野。

3. 原始土地经营权与继受土地经营权的流转限制问题

由于广义财产权意义上的土地经营权是一样的，所以，原始土地经营权与继受土地经营权的区别主要就是权利人身份的不同。原始土地经营权人也就是享有土地承包经营权的本集体成员，在“三权分置”的制度下，他们有权利选择将土地经营权流转给其他人或者继续保留在自己手中；而对于继受土地经营权人来说，当土地经营合同到期或者土地经营权人不再想经营该土地时，其是否可以选择将土地流转给其他经营权人？该流转行为是否需要经原土地所有权人和土地承包经营权人的同意？新设立的土地经营权是否仍然具有用益物权的效力呢？这些都是现有的立法规制需要进一步解决的问题。

第三节 “三权分置”改革的实践进展

在中央对农村土地“三权分置”的政策趋于稳定之后，各地方政府也纷纷制定相应的具体改革规划。如安徽省池州市石台县为落实“三权分置”改革，先后下发了《关于印发石台县整县推进农村土地承包经营权确权登记颁证工作实施方案的通知》、《关于开展农村集体资产股份合作制改革试点工作方案的通知》以及《石台县关于稳步推进农村集体产权制度改革和资源变资产资金变股金农民变股东改革的实施意见》三个文件，以此来指导全县农村承包地“三权分置”的落实以及资源变资产、资金变股金、农民变股东“三变”改革工作的开展（石台县人民政府网，2018）。河南省新乡市于 2018 年 5 月下发《新乡市农村土地开发利用与改革实施方案》的通知，通过在每个县（区）选取 2 个乡镇作为试点，以此推动乡村振兴战略与“三权分置”改革的同步推进（新乡市人民政府网，2018）。

从整体上看，全国各地“三权分置”改革的实施成果都比较显著。以福建省三明市为例，在2018年第一季度，“全市1 735个建制村已全部完成农户承包地权属调查任务；1 728个村完成审核公示，完成率99.6%；1 727个村完成合同签订，完成率91.1%；985个村完成确权成果数据入库，完成率56.8%”（三明网，2018）。

安徽省淮南市寿县通过明确所有权、保护承包权和放活经营权，“到2017年底，全县共流转土地94.7万亩，占全县土地确权面积的34%。2018年上半年，共流转土地2.8万亩。截至目前，全县共流转土地97.5万亩，占全县土地确权面积的35%”（寿县人民政府网，2018）。

安徽省阜阳市则通过积极开展土地确权成果运用、加快推进农村产权流转交易市场建设以及积极推进农村土地承包经营纠纷调解仲裁建设的方式来落实承包地“三权分置”改革。截至2018年6月，阜阳市已通过农村土地经营权“+担保”、“+大型农机具”、“+林权”、“+地上附着物”等组合抵押担保方式向规模经营主体发放贷款215笔，累计发放贷款2.4亿元。阜阳市的土地流转面积达到561万亩，土地流转率达到了62%（阜阳市人民政府网，2018）。

然而，在“三权分置”改革推进过程中，其暴露出来的问题也不容小觑。根据对各个试点“三权分置”改革工作开展情况的梳理，存在的问题可归纳为土地确权、土地流转程序、土地流转配套机制以及监督管理机制等四个方面。

对土地确权工作来说，现实中暴露的问题主要集中在以下三点。

第一，土地确权登记难度大。土地本就是农民的命根子，当政府要对承包地进行确权登记颁证时，曾经处于蛰伏期的土地产权纠纷就会明显放大。比如承包地小调整问题、租代征问题、二轮承包权证发放不到位问题、外嫁女问题等，都成为影响土地工作迅速开展的绊脚石。除此之外，还有少数地方存在证照年久失管、资料不齐、档案缺失、界址不清等问题，这些都为土地确权登记增加了难度。

2018年8月30日，常德市第七届人民代表大会常务委员会通过的《关于我市农村土地确权与“三权分置”改革情况的调查报告》显示，截至2018年第二季度，常德市在进行全面颁证阶段的同时，仍然至少有3.2%的农户因受历史或现实问题影响没有进行土地确权登记，这势必影响今后常德地区农村“三权分置”改革工作的进一步展开（常德市人民代表大会，2018）。

第二，进行土地确权的基层干部存在素质较低、觉悟不够和认识不足的情况。在土地确权工作的推进过程中，一些干部站位不高，对农村土地确权和“三权分置”改革的目的、意义认识不清，这就使得在一些土地确权工作过程中，有些干部不负责任、敷衍了事，从而增加了土地顺利确权的难度。“调查发现，临澧县四新岗镇、安福镇的个别村在确权工作中为了赶时间进度，将‘基础资料调查、农户签字确认、公示审核’等核心流程简单化，存在没有授权的代签字、以简单告示代替村民代表大会等违反政策程序的问题。”（常德市人民代表大会，2018）

第三，村级自治程度比较薄弱。由于当前的村民自治程度较低，因此许多土地产权纠纷无法通过内部机制进行解决，从而增加了土地确权工作的难度。

对土地流转程序来说，现实中存在的问题主要集中在以下四个方面。

第一，在某些地区土地流转规模仍然较小，而且区域之间的发展不协调。以新疆为例，截至 2015 年年底，新疆的总土地流转规模为 17.79%，远远低于全国的平均水平。从区域流转规模来看，新疆南疆地区的土地流转规模只有 2.49%，要远远低于北疆的 30.27%（黄登迎等，2017）。

第二，土地流转形式单一，手段不规范。在 2015 年，新疆的土地流转方式仍以转包和出租为主，两者分别占土地流转总面积的 63.55% 和 18.15%（黄登迎等，2017）。其他的土地流转方式，如入股、互换、转让等，则占很小的比例。在土地流转方式方面，新疆的土地流转仍然以亲戚之间、邻里之间的私下流转为主，既缺乏流转合同又没有权利保障，不规范的土地流转行为极易引起日后的土地纠纷。

第三，土地非粮化现象比较严重。由于种植粮食的收益没有种植其他经济作物的收益高，所以在土地流转出去之后，新的土地经营权人总存在将土地结营非粮化的倾向。比如在 2017 年，湖南省湘乡市棋梓镇新和村共流转土地 1 200 亩，其中用于水稻种植的只有 200 余亩，其余流转出去的土地均用于湘莲与水产养殖（中共湘乡市委办公室，2018）。在 2015 年，新疆流转出去的土地用于粮食种植的有 2 265 097 亩，只占当年土地流转总面积的 39.94%（黄登迎等，2017）。“三权分置”实践过程中土地流转去粮化形势的严峻程度可见一斑。

第四，土地流转大户的整体效益偏低。以湖南省湘乡市为例，从实地调研情况来看，当地的土地流转大户普遍存在“两高两低”的情况。“两高"指的是投入成本高、承担风险高；"两低"指的是收益回报率低、抵抗风险能力低。若以种植 1 亩单季稻来计算，一般需要劳动力、农资、土地流转费等总计约 1 100 元的成本，稻谷的平均亩产为 1 200~1 300 斤，折合市场价每亩 1 560~1 690 元，扣除各种成本开支，每亩只有 500 元左右的收益。若土地流转大户碰到自然灾害，甚至会亏损。以湘乡市梅桥镇万新村国安农作物合作社为例，2017 年受水灾的影响，大部分种植的百合被冲毁。种植百合的成本为每亩 12 000 元左右，但在受灾之后，每亩百合的收益只有 2 000~3 000 元。由于百合属于经济作物，不在农业保险的范围之内，因此，梅桥镇万新村国安农作物合作社当年基本处于血本无归的状态（中共湘乡市委办公室，2018）。

对土地流转配套机制来说，其主要存在两个问题。

第一，新型农业经营主体培育工作仍然不足。在实践中，许多地方的农业合作社基本属于"空壳化"状态，由于龙头企业的缺失，许多地方的粮食销路阻滞不畅，新型农业经营主体未能有效带动农业生产的发展。以湖南湘乡市为例，当地的农业专业合作社数量虽然已经达到 826 个，但是，相当一部分的合作社是为了争取国家给合作社的优惠政策而成立的，实际上采取的是"一套人马、一套账本、几块牌子"的办法，新型农业经营主体的缺失极大地制约了当地"三权分置"工作的开展（中共湘乡市委办公室，2018）。

第二，土地流转服务机构不健全。比如浙江金华市虽然广泛建立了农村土地仲裁委员会和土地流转服务中心，各乡镇还建立了乡级土地流转服务中心，但是由于经费没有保障，人员配置不足，相应的工作机制和激励机制缺失，这些机构实际发挥的作用十分有限。截至 2017 年底，金华市的 9 个县级土地流转服务中心里，只有兰溪市和东阳市两市在正常运转，其他的县（市、区）都只是增挂了一块牌子，并没有专门工作人员履职上班。而金华市的 9 个县级土地仲裁委员会里，除兰溪市、武义县和磐安县之外，其他所有的县（市、区）均没有成立仲裁庭。土地流转配套机制的缺失使得土地流转纠纷无法得到有效解决，一些农民据此不敢，也不愿进行土地流转（金华人大网，2018）。

对土地流转的监督管理而言，"三权分置"改革过程中还存在监管不力、把关不严的情况。有些地方政府将"三权分置"改革的重点放在土地流转过程中，实质上放弃了对土地流转市场的监管。以浙江金华市为例，当地某些地区存在“粮食功能区内的土地非粮化、非粮食功能区内的土地非农化”的倾向，这明显违背了承包地流转不能改变其农业用途的规定；但是，由于相关监督管理的不到位，上述现象并未得到有效遏制（金华人大网，2018）。

除此之外，许多地方还存在破坏土壤结构、盲目进行土地流转、土地闲置、项目荒废等现象，这些问题都与政府的监管不力脱不了干系。

面对“三权分置”改革过程中存在的问题，我们不得不对以下命题进行思考：“三权分置”会是我国农村土地制度的最终形式吗？答案显然是否定的。至少从目前所暴露出来的问题来看，“三权分置”改革所解决的问题与引发的问题几乎一样多。此外，这还只是存在于当前试点过程中的实践问题，若从更广阔的视域来看，“三权分置”改革存在的理论性问题更多。比如，随着社会生产力的发展，承包权是否还有存在的必要？农民是否能在“三权分置”制度框架内完全解放身份权限制？土地资源能否最大限度地得到有效利用？这些问题不仅考验着“三权分置”改革的制度设计，也指引着我们未来的土地制度改革。

当然，对“三权分置”前景问题的思考并不是三言两语就能解决的事情，由于该问题的复杂性，本书并未对此进行过多的赘述。

第四节　小结

由上可知，农地“三权分置”改革是农村生产力发展的必然结果。原有债权性质的土地流转制度无法给土地经营权人提供稳定的产权预期，将土地经营权物权化为土地流转市场的建设提供了更为稳定的制度保障。然而，当前的“三权分置”改革仍然停留在顶层设计的层面，对“三权分置”改革的内涵解读、权能解构与具体制度构建仍然处于探索阶段。相应地，“三权分置”改革的试点工作虽然已经普遍展开，但在“三权分置”实践过程中所存在的问题也不容小觑。其中，有些问题是改革过程中必然出现的过渡性问题，而另一些问题则是在“三权分置”改革过程中暴露出来的新问题。从制度变迁过程来看，农地“三权分置”制度仍然延续了土地承包制的基本产权结构，因此，它也是一种激励相容较强的公有制实现形态。

第五章

农地非农化：一个特殊的难题

伴随着我国农村土地制度 70 年的变迁，制约我国农村土地进一步发展的症结之一就是土地非农化。从表现形式来看，与土地非农化伴随发生的是农地产权冲突的加剧、农村社会秩序的不稳定和恶性征收事件的屡次发生。由于现有的土地非农化途径由政府垄断，因此，土地非农化又主要指的是土地征收制度。

实际上，土地非农化并不是自始就存在的，它是在改革开放之后，随着第一产业与第二、第三产业的经营收益差距逐渐拉大，再加上政府对土地处分权的严格控制，从而形成的一种利益博弈现象。从内部逻辑来看，土地非农化是以农地产权的模糊性为支撑的。也就是说，我国的相关法律规定在土地征收问题上已经存在理论冲突。当然，单凭土地产权模糊并不足以产生严重的土地非农化问题，土地非农化矛盾还需要借助于外来因素的孵化，其中包括利益集团的博弈。对国家来说，控制土地处分权是为了保证公有制的主体性质，也是为了保障对土地制度的政治干预。对地方政府来说，保证土地处分权可以解决一系列的问题，如职位晋升、地方发展、财政分税等。对农户来说，他们往往是最弱势的一方，也是利益被侵害最严重的一方。在当前的土地非农化制度下，只有厘清利益博弈主体之间的相互关系，才能真正把握住我国农村土地未来发展的大方向。

第一节　农村土地征收制度的沿革历程

就目前来说，我国的土地非农化包括三种途径：国家建设占用农村土地，乡村集体建设占用集体土地和农村个人建房占用农村土地。在这三种途径中，国家建设占用农村土地是最主要的土地非农化方式。然而，自新中国建立之日起，国家建设占用农村土地的途径都一直严格控制在国家手里，这又主要体现为土地征收制度。新中国建立之后，我国土地征收制度的变迁可以分为两个阶段：第一个阶段是改革开放之前的计划征收时期，第二个阶段是改革开放之后的混合征收时期。

一、计划征收体制下的土地征收制度

土地计划征收制度指的是在实行计划经济体制的国家，土地的征收、征用以满足国家利益为标准，并通过指令性的征收政策来完成土地征收的行为。土地计划征收制度具有国家利益至上、国家权威至上、国家安置责

任和服从国家计划等特征。不同于市场征收制度，计划征收制度并不存在被征收单位和用地单位之间的直接法律关系，土地补偿标准也不随着市场价格而浮动，它是由国家根据产值计算法来进行补偿的制度。我国土地计划征收时期的政策文件主要有两个：第一个是1953年颁布的《关于国家建设征用土地办法》，第二个是1958年颁布的《国家建设征用土地办法》，这两个土地征收办法一直贯穿于我国计划经济时期的始终。

新中国成立初期，由于原有国民党统治时期的《六法全书》被废除，土地租赁、土地买卖等使用权流转的交易无法可依，政务院于1953年11月5日第192次政务会议通过了《关于国家建设征用土地办法》，旨在解决工业化、城市化过程中的土地使用和征收行为，其主要内容如下。其一，土地征收的目的是满足国家利益的需要。其二，规定了土地征收程序。规定凡征用土地的，需要将计划书报请上级领导机关批准，并分别转请政务院或大行政区行政委员会或省、市、县人民政府核准公布。其三，规定了土地征收标准和补偿范围。“一般土地以其最近三年至五年产量的总值为标准，特殊土地得酌情变通处理之。”其四，规定了残余地征收制度。“如征用后所余土地无多，原所有人不愿使用或不便处理时，可经当地人民政府核准，一并征用。”

1953年的《关于国家建设征用土地办法》的特点可以概括为三点：国家利益性、国家权威性以及国家责任性。国家利益性指的是土地征收制度要立足于国家利益，满足国家建设的需要。“国家利益是实行土地征收的唯一标准，国家控制全部资源，公共利益融于国家利益之中，并没有独立的公共利益存在的空间。”国家权威性指的是土地征收行为必须绝对服从国家政策，不存在与国家在土地征收问题上讨价还价的可能性。在某些问题上，国家甚至可以对土地进行无偿征收；例如规定，“市区内的空地得无偿征用”；“地主在市区内出租的农地得无偿征用”。除此之外，占用国有土地单位的产权也受到了严格的限制，“凡征用之土地，产权属于国家。用地单位不需用时，应交还国家，不得转让”。国家责任性指的是当土地被征收之后，除了发放给被征地对象一定数额的补偿费之外，国家还必须负责被征地对象的就业安置。例如，“农民耕种的土地被征用后，当地人民政府必须负责协助解决其继续生产所需之土地或协助其转业，不得使其流离失所”。

自1953年到1958年，我国的土地制度发生了巨大的变化。原有的土地私有制被集体所有制取代，农村土地制度也经历了由“分田单干”—互助组—初级社—高级社—人民公社等的一系列转变。在《中共中央关于在农村建立人民公社问题的决议》文件下发之后，我国迅速建立了人民公社制度。为适应经济体制和土地制度的新形势，1958 年，国务院对《关于国家建设征用土地办法》进行了修改。此次修改的主要内容包括以下几点：

第一，修改了土地征收审批程序。批准征收土地数量的机关与批准建设工程初步设计的机关实现了统一，并把核拨土地的权限下放：“建设工程用地在三百亩以下和迁移居民在三十户以下的，可以向土地所在地的县级人民委员会申请核拨”；但是，“用地单位申请核拨用地时，须送交征用土地申请书（详细注明土地的属境、位置和经批准的数量）”。

第二，降低了土地补偿标准。考虑到当时农业生产效益有所下降，原有的标准显得过高，此时将土地征收的补偿标准下调到土地年产值的 2~4 倍。除此之外，若被征地对象认为国家的土地征收行为不影响其原本的生产生活，则国家也可以不予进行补偿；如规定：“征用农业生产合作社的土地，如果社员大会或者社员代表大会认为对社员生活没有影响，不需要补偿，并经当地县级人民委员会同意，可以不发给补偿费。”

第三，强化了国家的土地补偿安置责任。新办法规定：“对因土地被征用而需要安置的农民，当地乡、镇或者县级人民委员会应该负责尽量就地在农业上予以安置。”由此可知，不同于 1953 年的转业安置，1958 年规定的就业安置主要指的是农业安置。

从整体上来说，1958 年的《国家建设征用土地办法》与 1953 年的《关于国家建设征用土地办法》是一脉相承的，国家权威和国家利益在土地征收中依然发挥着主要的作用。然而，相比之下，1958 年的规定在土地征收程序、征收补偿对象、补偿范围和标准方面都更为细致，并创设了土地拨用制度的新型征收方式。在 1958 年的规定颁布之后，直到人民公社制度终结，计划征收体制一直指导着我国计划经济时期的土地征收和补偿制度。

二、混合征收体制下的土地征收制度

混合征收体制并不是一个具有显著代表性的土地征收制度，它只是一种介于计划征收体制和市场征收体制之间的征收制度，其往往产生于计划经济体制向市场经济体制过渡的时期。混合征收体制也具有鲜明的制度特征。例如，土地征收目的是国家利益与公共利益并存；国家安置责任虽然依旧存在，但其发挥的作用在逐步萎缩；国家权威在逐渐淡化，而国家的计划作用也在逐渐淡化。

改革开放之后，我国的计划经济体制逐渐向市场经济体制过渡，在这个过渡阶段，土地混合征收体制应运而生。土地混合征收体制混杂了计划征收体制的特点，但同时也展现出国家向市场征收体制转变的决心。

1982 年，随着“包产到户”正式被国家承认，我国农地产权制度又经历了一次大调整。为了适应新的政权组织关系和土地产权关系，国务院颁布实施了新的土地征收办法：《国家建设征用土地条例》（以下简称《条例》）。

《条例》的调整内容主要有以下几个方面。

第一，在立法目的上，维护国家利益和被征地单位福利的目标并存。如《条例》第一条规定：“根据中华人民共和国宪法，为合理使用土地资源，保证国家建设必需的土地，并妥善安置被征地单位群众的生产和生活，特制定本条例。”《条例》一改往日只照顾国家利益的做法，在立法目的上实行国家利益和被征地对象福利并重的原则，同时，以国家利益为首要立法目的，维护被征地对象福利为次要目的。

第二，重新设置了土地征收审批权限和程序。《条例》提高了土地征收的审批权限①；同时，不同于 1958 年的《国家建设征用土地办法》中规定的土地征收程序，即：计划部门批准工程设计方案和征收数量——用地单位向有关部门申请核拨土地——有关部门宣布补偿安置方法——实施补偿安置，《条例》规定的土地征收程序为：申请选址——协商征地数量和补偿标准——核定用地面积——划拨土地的征收程序。

第三，调整了土地征收的补偿标准，土地补偿费有所提高。《条例》第九条规定，“征用耕地（包括菜地）的补偿标准，为该耕地年产值的 3 至 6 倍，年产值按被征用前三年的平均年产量和国家规定的价格计算”。

---

① 《条例》第八条规定：“征用耕地、园地一千亩以上，其他土地一万亩以上，由国务院批准；征用直辖市郊区的土地，由直辖市人民政府批准；征用五十万人口以上城市郊区的土地，由所在市人民政府审查，报省、自治区人民政府批准；征用其他地区耕地、园地三亩以上，林地、草地十亩以上，其他土地二十亩以上，由所在县、市人民政府审查，报省、自治区人民政府批准，在上述限额以下的，由县、市人民政府批准”。

第四，对被征地对象的就业安置做了更详细的规定。《条例》第十二条规定了三种土地补偿安置方式：发展农业生产；发展社队工副业生产；迁队或并队。若按照上述三种方式仍然无法完成就业安置，则可以将符合条件的人员安排到集体所有制单位就业，并将相应的补偿安置费转拨给吸纳该劳动力的单位。

虽然《条例》对土地征收制度做了较大幅度的调整，但是该《条例》仍然突出了行政权威的作用，计划征收的色彩十分浓重，某些规定明显不符合市场经济发展的要求。例如，由用地单位承担被征地对象的就业安置责任的规定，与市场经济中权、责、利相一致的思路不相吻合。但是，《条例》的颁布也刺激了土地征收过程中被征地单位由“政治人”向“经济人”的过渡，政府、被征地单位和用地单位之间的利益矛盾开始显现。

随着我国市场经济的发展，许多地方的土地征收文件也不断出台。如1999年重庆市制定了《重庆市土地管理规定》，1999年成都市颁布了《成都市征地补偿安置办法》，2004年北京市政府颁布了《北京市建设征地补偿安置办法》等。这些政策文件的颁布无疑为土地征收的深化改革提供了条件，但是，在当时的土地征收体制下，国家依然牢牢掌控着土地的非农化途径——地方政府通过土地征收的形式将集体土地转化为国有土地，然后再通过招、拍、挂的形式，将该集体土地通过土地一级市场出让给用地单位。在这种土地征收制度的背后存在着巨大的“剪刀差”利益，而随着土地非农化价值的不断提升，“剪刀差”利益也水涨船高。如何化解土地非农化过程中的巨额“剪刀差”，同时均衡各利益主体在征地过程中的利益分配，将是我国未来很长一段时间内需要急切关注的重点问题。

第二节　土地征收制度改革难题之一：混乱的农地产权结构

我国农地产权结构的混乱是造成当前混合征收体制成立的一个前提条件。对于我国农村土地混乱的产权结构，学界多有论述。一部分人将其称为“产权残缺”，也有人称其为“所有权残缺”。“所有权残缺”是一个舶来词，它最初是由阿尔钦和卡塞尔在1962年提出的，用来分析权利的残缺与行为之间可能遵循的相互关系。德姆塞茨（2004）在论述“所有权残缺”时说道：“所有权的残缺可以被理解为是对那些用来确定‘完整的’

所有制的权利中的一些私有权的删除。”“权利之所以会常常变得残缺，是因为一些代理者（如国家）获得了允许其他人改变所有制安排的权利。对废除部分私有权约束的控制已被安排给了国家，或已有国家来承担。”然而，完全运用现代西方产权学家口中的“所有权残缺”概念，似乎又不能完全适应我国农村土地上存在的问题。原因有二：第一，我国农村土地上的问题是集体所有制与国家所有制的问题，并非私人产权与共有产权的问题；第二，我国农村土地上的产权并不是“残缺”，而是部分地被限制。

为适应我国特有的农地产权结构，一部分学者引入了一个新的词汇——“产权模糊”。“产权模糊”本来是用来形容国有企业产权结构中“政企不分”所导致的权、责、利混乱的局面，当农村土地产权矛盾日益严重时，“产权模糊”一词也被用来描述我国农地产权结构混乱的局面。何·皮特（2008）在《谁是中国土地的拥有者？——制度变迁、产权和社会冲突》一书中曾提出了“有意的制度模糊”一词，并认为国家制造“有意的制度模糊”的目的是在试错，以寻找更有利于经济发展的制度安排。因为一旦产权通过法律形式予以确定，它便会进一步成为阻碍土地制度变迁的阻力。在我国计划经济时期的国有企业模式中，“产权模糊”主要指的是企业的产权结构呈现出权、责、利不对等的局面，而在我国现有的土地产权结构中，“产权模糊”则主要指的是利益集团通过设租与寻租来寻求利益最大化的局面（罗必良，2013）。

实际上，我国农地产权结构在法律表达层面就出现了间接的矛盾。在我国《物权法》的表达上，农村土地的产权结构是十分清晰的。《物权法》第五十九条规定，“农民集体所有的不动产和动产，属于本集体成员集体所有”；第四十五条规定，“法律规定属于国家所有的财产，属于国家所有即全民所有”；第一百二十四条规定，“农村集体经济组织实行家庭承包经营为基础、统分结合的双层经营体制。农民集体所有和国家所有由农民集体使用的耕地、林地、草地以及其他用于农业的土地，依法实行土地承包经营制度”。在《物权法》的层面，我国农村土地所有权归“集体”所有，土地承包经营权作为一种用益物权，由集体派生出来并归集体成员所有。集体成员享有土地占有权、使用权和收益权，土地的处分权归集体统一行使，个人不得自由买卖土地。这种产权结构是十分清晰的。在《物权法》的规定中，国家并不享有任何直接的土地权能。

然而，问题的症结点就在于我国农村土地制度的规定并非仅仅存在于

《物权法》当中，还存在于《土地管理法》等法律当中。在《土地管理法》对建设用地使用权的规定中，第四十三条第一款明确规定，“任何单位和个人进行建设，需要使用土地的，必须依法申请使用国有土地”；第二款规定，“前款所称依法申请使用的国有土地包括国家所有的土地和国家征收的原属于农民集体所有的土地”。也就是说，建设用地使用权的权利客体是国有土地，农村集体土地无法直接转化为建设用地使用权的客体。那么，在农村集体土地和建设用地之间就必须有一个转化的过程，这个过程就是土地征收。《土地管理法》第四十四条规定，“建设占用土地，涉及农用地转为建设用地的，应当办理农用地转用审批手续”。只有将集体土地征收成为国有土地之后，集体土地才能正式进入土地一级市场，农村集体并没有权利将本集体土地非农化。从直观比较来看，《物权法》与《土地管理法》中并不存在直接相悖的法律规定，然而，在《物权法》中清晰的农地产权规定遇到《土地管理法》中建设用地使用权的规定之后，原本清晰的农地产权就不再清晰——诸如“为什么集体土地只有被征收为国有土地后才能入市”一类的疑问，相关法律中并没有作出合理的解释。在被侵蚀的农村土地处分权被写入法律之后，模糊的农地产权结构也随之稳定下来。

其实，土地征收权并不仅仅存在于我国土地制度中，世界范围内几乎所有的国家都规定了土地征收权。如德国的土地补偿制度主要规定在其《基本法》中，该法第十四条规定：财产权和继承权受到保护，其权利内容即范围将由法律予以确定；财产权与社会责任相伴生，财产权的使用应当以公共服务为目的；将私有财产充公的唯一目的是公共服务。只有在明确的补偿数额和性质的法律规定下，财产征用的行为才能生效。明确补偿原则是公共利益与原所有权利益者的公平衡量。若两方对补偿数额存在争议，则可以诉诸普通辖区内的法院。

美国的《宪法第五修正案》规定：非经正当程序，不得剥夺任何人的生命、自由和财产；未经公正补偿，任何人的私有财产均不得被征收为国有。

土地征收权作为一种外部存在的权利，其目的是更好地保护土地所有权人的利益；同时，国家可以为了公共利益的需要征收土地，但通过正当法律征收程序的限制，政府无法完全置被征收对象的利益于不顾。此外，土地征收权并不会对原土地所有权人的土地处分权构成限制，更不可能剥夺土地所有权人的土地处分权，因为土地征收权并不能作为原有土地产权结构中的固有权利，它只是一种外部介入的权利。

然而，与我国当前土地征收制度不同的是，国外的土地征收制度是以土地自由买卖为前置条件的。在存在土地私有产权的国家，即使存在土地征收行为，土地买卖也是不被禁止的，土地一级市场上的供应方不仅仅只有政府，还有许多私人的土地产权主体，这就阻断了政府垄断土地出让的可能性。然而，在我国现有的法律规定之下，土地一级市场的供应程序就变成了以下形式（见图 5-1）。

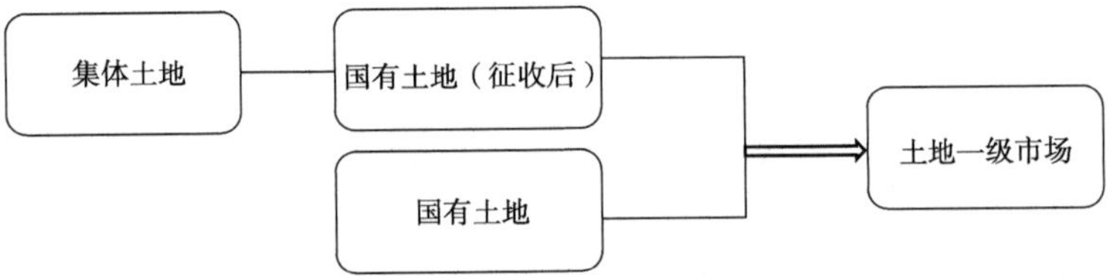

图 5-1 我国进入一级市场的土地征收程序

也就是说，凡是进入一级市场的土地都必须经过政府的国有化转换程序。不同于土地私有制模式下的单约束性，我国现有土地征收制度呈现出双约束性的特点，即：第一，对于符合公共利益的土地征收需要，村集体一定要配合转让土地；第二，村集体的土地非农化处分权会随着土地征收制度的建立而被剥夺。这是属于我国特有的土地征收制度的规定，它是一种特殊的土地征收制度的伴生品。若将我国集体土地所有权与建设用地使用权的法律规定结合来看，我们会发现原本属于村集体的土地处分权被国家设立的土地征收制度所剥离，仅保留了村集体内部乡镇企业和宅基地的土地审批权，从而变成了一种“架空的权利”。在现有土地征收制度下，原本不存在于农村土地产权结构内部的国家占有着土地处分权。原有在《物权法》中规定的“集体—成员”二元产权结构并存的局面，在现实执行中被“国家—集体—成员”三元产权结构所取代。集体所有权逐渐演变成为一种“空壳”所有权。

混乱的农地产权结构造成了一种令人困惑的问题：农村土地究竟是谁的？如果说农村土地是归农民所有，那么，这与我国现有法律规定的经济体制是不相容的，因为我国法律规定：我国农村地区实行的是土地集体所有，土地归于农民无疑等于实行“私有制”。如果说农村土地是归集体所有，那么，根据我们以上的分析，为何集体不能行使完整的土地处分权？更进一步说，村集体为何不能决定本集体土地的非农化？在名义土地所有权人的权能几乎被完全剥夺之后，我们还能称其为所有权人吗？

如果说农村土地归国家所有，那这更与我国现有经济体制相矛盾。虽然集体所有制和国家所有制都是公有制体制，但是集体所有制与国家所有制并不能混为一谈。我们不能说某个国有企业在归属一个村集体的同时，也归属于全民所有。

所以，混乱的农地产权结构就造成了严重的效率损失，并引发一系列矛盾和问题。在改革开放之后，这种混乱的农地产权结构作为农村土地问题的根源，使得各种利益集团在农村土地上的矛盾愈演愈烈；同时，由于现有土地产权的混乱局面是由正式法律制度所引起的，要想在短时间内实现农村土地产权界定的清晰化又是非常困难的。

第三节　土地征收制度改革难题之二：巨额“剪刀差”下的利益博弈

在本章第一节中，我们已经论述过我国农村土地征收制度的演变进程。在改革开放前，我国土地征收过程中并不存在特别严重的官民矛盾，土地征收中的国家、用地单位和被征地单位是三位一体的和谐局面，土地征收是受到被征地对象热切期盼的行为。当时，土地征收不仅意味着被征收对象可以获得3~5年的收入补偿，还可以借此脱离农业户口，并很有可能被安置到其他行业就业。若从成本收益的角度来看，改革开放之前的土地征收行为对农民来说是一个“只赚不赔的买卖”。然而，在改革开放之后，土地非农化的价值急剧上升，虽然国家相应提高了土地征收补偿的力度，但是就业安置的责任却在削弱。在“一增一减”之下，农民在土地补偿上的收益并没有显著提高。更为重要的是，土地征收补偿的增幅远远比不上土地非农化价值的增幅。再加上我国土地征收体制正处于改革阶段，计划征收时期的相关主体的“政治人”特性正在向市场征收体制中的“经济人”特性转变，这就必然引起不同利益集团之间的利益博弈。

现有的土地征收体制下的利益相关方主要有三个：政府、农户和土地受让人。其中，政府是征地人，包括中央政府和地方政府两个主体，二者之间是一种“委托—代理”的关系。受“委托—代理”机制的影响，虽然中央政府和地方政府在土地征收过程中一定会存在利益函数的差别，但是这种差别并不足以分散两者的利益联合。农户在这里主要是被征地对象，当然，有人会认为被征地对象应当是村集体，但正如我们在上文分析的，村集体在土地征收过程中并不具有实际权利，与其他利益相关方存在直接利益冲突的是村集体内部的成员。土地受让人指的是用地单位。

根据土地用途的不同，被征收土地可以被用来进行基础设施建设、工业建设、商业住宅建设等，在此处，我们主要指的是用于工业建设和商业住宅建设的用地单位。由于用于公共利益方面的土地征收，政府、农户和土地受让人之间一般不存在激烈的利益冲突，因此它也就不具有代表性。

三方利益在土地征收问题上存在冲突的根源在于现有土地征收体制下补偿分配制度的利益不平衡。例如，《土地管理法》第四十七条规定，“征收耕地的土地补偿费，为该耕地被征收前三年平均年产值的六至十倍”；“每一个需要安置的农业人口的安置补助费标准，为该耕地被征收前三年平均年产值的四至六倍。但是，每公顷被征收耕地的安置补助费，最高不得超过被征收前三年平均年产值的十五倍”；“依照本条第二款的规定支付土地补偿费和安置补助费，尚不能使需要安置的农民保持原有生活水平的，经省、自治区、直辖市人民政府批准，可以增加安置补助费。但是，土地补偿费和安置补助费的总和不得超过土地被征收前三年平均年产值的三十倍”。我国的土地补偿标准采取的是适当补偿的原则。也就是说，被征收土地的补偿价值不是按照土地的拍卖价值确定的，而是按照土地原来用途确定的，这与英国的土地补偿制度十分类似。不按照土地市场价格进行补偿，这就导致了十分严重的“剪刀差”问题，因为若按照土地原有附着物的价值来进行补偿，是无论如何都不可能与土地的市场价值相提并论的。

以北京市为例，在 2015 年，某房地产开发公司竞得丰台区一个地块，土地面积 11.76 万平方米，成交价格 83.4 亿元，折合一亩地 0.47 亿元（刘诗洋，2018）。然而，北京市 2015 年的土地补偿标准是“旱田平均每亩补偿 5.3 万元，水田平均每亩补偿 9 万元，菜田平均每亩补偿 15 万元”。以补偿费最高的菜地来算，就算政府给被征地对象补偿了 30 年的补偿款，那被征收土地的出让价格依然是土地补偿费的 10 倍。也就是说，农民所获得的最高土地补偿收益只有一级市场土地出卖价格的 10%。若以补偿费最低的旱田来算，就算政府也给被征地对象补偿了 30 年的补偿款，那农民所获得的最高土地补偿收益也只有土地一级市场出卖市场价格的 3.3%。这种巨额的“剪刀差”所造成的失衡是显而易见的。

我们不禁会问，为何这种失衡的土地征收行为会存在？在土地征收过程中巨额的“剪刀差”利益主要由谁占有？我国《土地管理法》第五十五条规定，“自本法施行之日起，新增建设用地的土地有偿使用费，百分之三十上缴中央财政，百分之七十留给有关地方人民政府，都专项用于耕地开发”。由此可知，土地征收的“剪刀差”收益归政府财政，其中，地方政府占有了大部分的土地征收“剪刀差”收益。

如图 5-2 所示，土地征收关系中的三方主体之间存在着一个利益循环图，不同利益主体之间存在不同的利益博弈关系。第一层关系是地方政府与农户之间的土地征收与征地补偿关系。政府将集体土地征收为国有土地，并支付给被征地对象一定的补偿费。第二层关系发生在政府和用地单位之间。在土地一级市场上，政府通过对被征收土地进行招标拍卖，将土地出让给出价最高的用地单位，用地单位向政府交纳出让金。第三层关系发生在用地单位和农户之间。用地单位（一般指开发商）将拍卖取得的土地进行商业建设，并将建成的商品房或者商铺出卖给农户，农户支付给用地单位一定的价款。在这三层关系中，政府取得了巨额的“剪刀差”收益，用地单位通过对建设土地进行开发，并按市场价格出卖，获得了一般意义上的市场收益。农户是三个利益集团中受益最少的一方，仅取得政府的土地征收补偿款。若农户将取得的土地征收补偿款再用于购买开发商新建的商品房，则农户所取得的绝对补偿收益将进一步减少，甚至会出现负值。

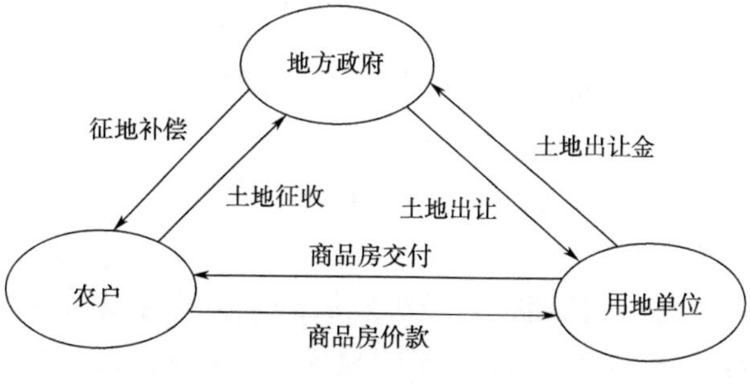

图 5-2　土地征收利益循环图

实际上，在土地非农化的利益循环过程中，并没有哪个利益主体存在经济损失。因为土地的非农化过程是一个增值的过程，所以，三个利益主体之间的博弈目的在于从土地非农化过程中获取更多的利益分配。通俗地讲，这是一个“分蛋糕”的过程。在这个过程中，政府发挥了绝对的主体地位，它是整个土地征收利益循环的中枢部门，也是获利最大的部门。造成这种现象的原因不仅是詹姆斯·布坎南所说的政府部门的有限理性，更在于我国当前经济体制改革过程中掺杂的体制不协调。在笔者看来，政府通过征收土地来获取巨额“剪刀差”利益以及由此所伴生的严重的土地财政状况，有着深刻的现实原因。造成政府占有巨额“剪刀差”收益的原因有两个：“分税制”下捉襟见肘的地方财政和“发展型”政府的必然选择。

对财政“分税制”而言，我国地方财政的不足已经不是一个局部现象。根据凤凰财经的报道，“东北国企负担重亏，华北经济转型开始亏，西北老少边穷要大补，西南全部亏，中部六省崛起正在烧钱，东西南北中，靠东南、北京 5 个富裕省市养，从财政盈余中抽钱补西南北中”（凤凰网财经，2018）。虽然这样的报道有夸大事实的成分，但是它也从一定程度上反映了地方财政的紧迫性。那么，在现有的经济环境下，何种商品能够尽可能多地缓解地方政府财政压力呢？毫无疑问，“卖地”就成为首选途径。财政部 2018 年 7 月发布的一项数据显示，2018 年上半年，地方政府获得的土地出让金为 26 941 亿元，同比增长 43%。而且“土地财政”也不再局限于一、二线城市，现在三、四线城市的土地财政状况大有取而代之的趋势。2018 年 3 月，三、四线城市经营性用地成交金额达 2 260 亿元，同比增长 123%，远高于一、二线城市之和（凤凰网资讯，2018）。在现有财政体制的大背景下，地方政府的土地征收行为就不再是政府主观上想不想征地的问题，而是它们必须急于征地以缓解日益增加的地方财政压力的问题。

对于“发展型”政府而言，郁建兴、徐越倩（2004）认为，地方“发展型”政府是“发展中国家在向现代工业社会转变的过程，以推动经济发展为主要目标，以长期担当经济发展的主体力量为主要方式，以经济增长作为政治合法性主要来源的政府模式”。一般来讲，发展型政府的目标主要是经济发展和干预现代化进程（于宏源，2004）。在“发展型”政府模式下，地方政府不仅需要发展经济、制定规划，还要保障民生、维护治安，政绩与晋升相挂钩的考核体制又给予了地方政府官员更多的激励。为了发展地方经济，地方政府必须取得农业用地非农化增值收益中的大部分利益。将土地从农民手中征走，交给土地资源利用率更高的开发主体，可以极大地带动地方经济的发展，而地方政府通过获取巨额的“剪刀差”收益，也可以带动地方经济的发展。所以，从这个意义上讲，地方政府占有“剪刀差”收益就成了实现帕累托最优的必然选择。

从整体上看，土地征收利益循环图中的政府和用地单位的关系是一种互为依存的关系。在现有混合征收体制无法取得根本性突破的前提下，用地单位为了获取经济利益，就一定会以高于土地的拍卖价格进行买卖，居高不下的房价现象便因此产生。然而，政府在调控高房价和房价增速过快的时候，又不敢进行大刀阔斧的改革，因为毕竟“羊毛出在羊身上”。政府不可能要求开发商以低于成本的价格出让土地使用权，而造成这种现象的根本原因在于利益衡量自身，这种体制倒挂的结构加剧了土地征收利益循环图中的不公平现象，也强化了土地征收利益循环图中利益各方博弈的格局。

对于土地征收利益循环图中的农民来说，其处于最为弱势的地位。农民在土地征收过程中的利益分配处于最低层次的“公平位置”。换句话说，现有土地补偿标准是一个“最优点”，若补偿标准进一步下降，则会引起被征地对象的大规模不满和骚动，若补偿标准进一步上升，则会引起政府更多的利益损失。在出让意愿、出让方式、利益分配三个方面，无论征地对象是否想让出土地，无论该对象想用何种方式让出土地，无论该对象对政府的补偿标准是否满意，他们都必须在统一的征收规则下将集体土地转为国有土地。在被征地对象与政府之间，基本上不存在有效的讨价还价行为。

在现有的土地混合征收体制的背景下，三方主体在土地征收过程中的利益诉求有着千丝万缕的利益关系。在三者的相互关系中，政府处于绝对强势的主导地位，用地单位次之，被征收者最弱。受历史因素和现实因素的影响，地方政府分享巨额“剪刀差”利益的行为具有了一定的现实性，它不可能轻易放弃已经占有的利益，这就使得原有的利益循环无法找到有效的突破点，也就会继续沿着原来的循环图循环下去。

第四节　土地征收制度改革难题之三：土地征收体制改革的路径依赖效应

我国现有土地征收体制所存在的问题不是简单的土地补偿标准和政府主导征收的问题。仅仅提高现有土地征收补偿标准，或者剔除政府对土地征收的干预，也不能解决现在土地征收中所有的问题；甚至相反，如果不顾现实因素的制约，盲目推动土地征收制度朝市场化和去政府化方向改革，那只会引发我国社会经济制度更为严重的系统性风险。

当前许多学者提出：应当将土地权能完全赋予农民，尊重农民的农业主体地位，解除土地一级市场的政府参与等；但若按照这些学者的意见，将土地的权能完全还给农民，农户直接与土地需求方签订土地买卖合同，无须政府提前对土地进行征收，这实际上只是一种乌托邦式的设想。在目前形势下，由农户和开发商直接签订合同的情况更像是一盘散沙，如果不对其进行规制，将会引起土地行业更大的震动。相比之下，由政府干预土地具有一定的优越性。首先，政府作为居间人，可以将土地征收之后进行招、拍、挂，以最大限度地吸引有兴趣的投资商，这大大减弱了信息不对称的风险。其次，政府作为国家行政体系的一部分，寻租问题能得到较有效的监督。最后，现有的土地征收制度在不断得到完善，而政府强制干预土地的状况也在不断减少。所以，现在的土地混合征收制度具有一定的比较优势，制度因素和现实因素都不允许在短时间内完全废除土地征收制度；也因此，现有的土地混合征收体制形成了强大的路径依赖效应。

一、对政府来说：如何解决财政分权以及实现职能转变

我们在前文已经对政府的现有财政状况和政府职能进行过讨论，若想要地方政府从土地出让程序中“退”出来，就必须解决好这两个问题。对财政状况来说，地方政府的财政亏空主要是由“分税制”财政分权体制所造成的，如果想要改变其财政收入不足的情况，就必须对现有财政体制进行改革。然而，财政体制改革并不是简单一两句话就能完成的事情。历史上我们也进行过财政体制改革，但每一次的改革都伴随着中央与地方财政利益的激烈博弈。

以 1994 年的“分税制”改革为例。中央财政在 20 世纪 80 年代末已

经出现了十分严重的问题，为了尽快改善当时“中央穷、地方富”的局面，1987 年党的十三大报告提出“在合理划分中央和地方财政收支范围的前提下实行分税制”的提案。在此之后，中央政府接连发文以推动“分税制”，并在 1990 年的《关于制定国民经济和社会发展十年规划和“八五”计划的建议》中提出，要在“八五”期间有计划地实施分税制。邓小平同志在 1992 年年初发表南方讲话后，分税制被再次提出。1992 年，党的十四大报告提出“要逐步实行税利分流和分税制”。自 1993 年开始，分税制改革步伐骤然加快，“在 6、7、8 三个月的日日夜夜，方案小组先后作了 40 多套方案，处理了几十万个数据，作了几千张表格”(搜狐财经，2018)。然而，相较于中央文件的下发力度，地方政府却是相对被动的。1993 年下半年正式改革方案出台之后，以朱镕基总理为首的中央各部门大队人马，开始奔赴各省进行“游说”，以推动分税制改革的落实。虽然“分税制”最终在 1994 年得以实行，但其实现的过程是极其艰难的。

在所有条件都已经具备的情况下，中央政府与地方政府关于财政体制改革谈判的过程尚且如此艰难，现在想要再推动新的财政体制改革，通过缩减中央的财政收入以缓解地方政府的收入不足局面，更会难上加难。由于地方财政预算内收入不足的局面不可能立刻得到缓解，所以，为保证足够的财政收入以维持财政支出，地方政府不可能放弃“土地财政”这么一个唾手可得的利益，想要单方面将其从土地征收过程中剥离出来而不给予相应的补偿势必非常困难。

此外，对政府职能转变来说，这也将是一个缓慢的过程。我国的政府职能转变早在 20 世纪末就已经开始。1998 年，第九届全国人大通过了《关于国务院机构改革方案的决定》[以下简称《决定（一）》]，开展了改革开放以来规模最大的一次行政管理体制改革。《决定（一）》首次提出了地方政府的职能由对企业、生产和分配进行直接管理过渡到宏观调控、公共服务和社会管理上来。2003 年，第十届全国人大通过了《关于国务院机构改革方案的决定》[以下简称《决定（二）》]。《决定（二）》明确规定：政府机构改革是为了适应市场经济的需要，而其关键点就是政府职能的转变。2008 年，党的十七届二中全会通过了《关于深化行政管理体制改革的意见》(以下简称《意见》)。《意见》主要着重强调了三个问题，“一是加强和改善宏观调控，促进科学发展；二是着眼于保障和改善民生，加强整合社会管理和公共服务部门；三是按照探索职能有机统一的大部门体制要求，对一些职能相近的部门进行整合，实行综合设置，理顺部门职责关系”（王忠禹，2003）。2013 年，第十二届全国人大审议通过的《国务院机构改革和职能转变方案》更是被各界人士广泛解读为是我国政府职能由“发展型”向“服务型”过渡的重大举措。

然而，面对中央不断施行的政府机构调整和转变职能的措施，地方政府在现实执行中的表现却不尽如人意。基于一项 2005 年以来地方政府社会政策创新的案例研究，我们发现，中央政府的施政纲领转变并不总是地方政府开展社会政策创新的动力来源（郁建兴等，2012）。相较于地方政府对经济增长的执着和关心，地方的公共服务和社会管理情况仍然不容乐观。在我国土地征收制度中，强制拆迁和变相强拆并未显著减少，这与我国地方政府的职能并未有效转变有着直接的关系。对土地市场征收模式而言，倘若地方政府不能真正实现由“发展型”向“服务型”的转变，那么，土地作为推动地方发展最有效的手段，地方政府是不可能将其轻易放弃的。

二、对农户来说：如何建立可替代的土地流转市场

若想要促进土地混合征收制度向市场征收制度的转变，最根本的问题是必须建立一个相对比较健全的土地流转市场，以对混合征收制度中的路径依赖效应进行突破。然而，目前的形势下，在建立和完善土地流转市场之前，还必须解决一系列其他的前置条件。

第一，农民的土地流转意愿问题。关于农民的流转意愿，我们可以从两方面予以分析。首先，从理性经济人角度来看，要关注农民通过土地流转能够获取多少利益。在同样土地面积且土地流转金额固定的情况下，如果该农民的屋子是一间住了几十年的破瓦房，那么其土地流转意愿就会比较强烈。但是，如果屋子是刚建起来的红砖绿瓦房，那么其流转意愿就会很低。从未来发展前景来看，如果该农民有一技之长，那么他可以去城里打工或者直接落户在城里，从而获得更高的收入。但是，倘若该农民只是一个普普通通的农民，那么“卖地”就等于失业，此时，他的土地流转意愿就很低。在土地流转市场的建设过程中，如何协调好不同农户之间的不同情况往往会成为制约土地流转市场建设的一个重要因素。其次，从纯粹感情角度来看，如何安抚土地流转农民的情绪是另一个问题。中国农民祖祖辈辈、世世代代依靠土地生活，他们对土地的深厚情感无法完全被金钱

所衡量。“七八岁好玩泥巴，十来岁会打坷垃，十二、三就会离犁地、锄地、赶大车、割庄家。十五岁会耕地，十六岁会扬场，到搬亲就成全把式了”（周同宾，2007），这几乎是我国几千年来农民生活的真实写照。虽然随着城乡差距的不断扩大和城镇就业机会的日益增多，新一代农民的乡土情可能有所衰减，但从整体上看，土地对农民的作用依然是不可替代的。有些时候，别说巨额的土地补偿费，即使是“搬座金山银山”，某些年长的农民都有可能会选择“不卖地”。在面对基于强大的土地感情而建立起来的乡土文化的固锁下，该如何建立农村土地流转市场呢？

第二，法律法规的完善。虽然国家在政策层面不断下发文件促进土地流转市场的建设，但是，我国关于土地流转的法律法规仍然比较落后。从基本法和普通法的立法来看，现有《农村土地承包法》《物权法》《农业法》的规定仍然停留在以家庭联产承包责任制为主体的层面上，关于规模化经营和土地流转的规定仍然不足以指导现有土地流转市场的建设。当然，“三权分置”改革是推动土地流转市场建设的又一剂强心剂，但是它也还只是停留在国家政策层面，并没有正式写入我国的法律当中。如果没有正式法律制度的支撑，土地流转市场建设的预期稳定性就会很差，这会进一步降低土地流转市场建设的速度。

第三，配套政策的完善。土地流转市场的建设向来不是单方面的，它需要许多配套政策的完善。比如：农民将土地流转之后，未来就业问题如何解决？流转出去的土地是否可以进行二次抵押？如何引入有效的监督体系以减少寻租现象？等等。若这些配套政策无法得到有效解决，那么，土地流转市场的建设只能是寸步难行；即使勉强建立起来，也将面临许多更为复杂的后遗症。

由上述分析可知，现在的土地混合征收制度固然有许多缺陷，但其向土地市场征收模式的转变却不是一蹴而就的。财税体制问题、政府职能问题、农民土地流转意愿问题、法律支持问题、配套设施建设问题等，都是土地市场征收模式建立之前需要解决的问题。除此之外，如何削弱政府先天带有的农地产权优势问题，以及如何在理论上突破体制界限的问题，也是我国土地混合征收制度向土地市场征收模式过渡所要解决的问题。

在诸多的现实因素制约下，土地征收体制的转变具有十分强大的路径依赖效应。任何单一的制度变化都不足以为土地征收制度的大刀阔斧改革提供充足的条件；而且土地征收制度的制约因素本身就存在“改革难”的问题，这又为我国土地混合征收制度向土地市场征收模式的转变增加了困难。

第五节 小结

自新中国建立之日起，我国农村土地征收制度经历了计划征收时期和混合征收时期两个阶段。伴随着经济的进一步发展，我国农村土地上的利益纠葛也愈益凸显。对地方政府和地方官员来说，“卖地”与地方经济发展、官员治理绩效密切相关；而对广大农民来说，一部分人想要“卖地”发家致富，另一部分人却想要“保地”固本守业。孟子曰，“有恒产者有恒心”。土地作为农民世世代代守护的“命根子”，政府必须尊重和保护农民的合法权益。当前的土地征收矛盾与其说源于政府与农户在利益分割上的博弈，不如说是政府的职能和管理体制还未得以完善的结果。在笔者看来，虽然现有的政府问责体制、政府职能、财政体制和土地流转制度都陷入了一定程度的路径依赖，而且混合征收体制中的土地征收利益循环也已经相对固化，但是中央政府、地方政府和农户在土地征收问题上的利益博弈并不是完全固定的，如何构建合适的制度以兼顾三方利益，如何有效保护农民在土地问题上的合法权益，如何保证土地增值过程中的收益分配公平，是中国未来农村土地征收制度改革需要重点关注的问题。

第六章

土地改革：一场社会经济革命

在经历了人民公社制度的束缚之后，“包产到户”改革距今已有40余年，40多年的实践证明了“包产到户”改革无疑是一次具有跨时代意义的成功的改革，它扭转了农村长达20年的经济发展迟滞，将无数农民引向致富之路，并前所未有地振兴了乡镇企业的发展。然而，正如前文所述，受制于“包产到户”改革后期强制性制度变迁的局限性，在家庭联产承包责任制确立之后，其暴露出来的问题也非常尖锐和深刻。总的来说，“包产到户”改革促进了农民财产权和身份权的双重解放，这是一个以土地制度改革为起点，继而延伸到社会经济制度改革，最后再回归到农村土地制度改革的制度变迁过程。

第一节　“包产到户”改革引起的财产权利解放

20世纪80年代的“包产到户”改革并不仅仅是土地制度的改革，它在改变农村土地经营方式的同时，也引起了农业、农村与农民等一系列继发性的改革。这些继发性的改革延续了“包产到户”改革的精神，也构成了家庭联产承包责任制改革后期的主体内容。

从农业经营方式上来看，在土地责任制改革之前，农业生产一般采取集体大生产模式。由于人民公社时期的集体大生产模式无法产生激励相容的生产机制，因此引发了农村土地上的“包产到户”改革。在“包产到户”改革之后，原先的集体大生产模式被以家庭为单位的小农经营模式所代替。虽然小农经营方式在经济理论上违反了规模化效益的假设，但它却通过产权的重新调整极大地促进了农业经济的发展。据统计，1977年，我国粮食总产量只有28 273万吨，到了1984年，我国的粮食产量增长到40 731万吨，7年时间里粮食总产量增加了12 458万吨，粮食的年增长率达到了5.3%。从1978年到1983年的5年时间里，我国农业生产总值平均增长率达到了7.9%，是人民公社20年期间农业生产总值增长率的2倍以上（国家统计局，1984）。

对于农民来说，他们的财产权和致富潜力得到了前所未有的解放，笔者将这种解放归纳为以下三个方面：财产收入总量的解放、财产收入构成的解放以及财产主体数量的解放。第一，从农民收入总量来看。1978年，中国农村人口为7.9亿人，年人均纯收入为165元。1978—1984年间，农民纯收入从改革前的134元增加到355元，扣除通货膨胀因素，农民收入年均增长率达到17.7%。1988—1991年是农民人均实际纯收入的停滞徘徊阶段，扣除通货膨胀因素，农民收入年均增长率实际下降了1.6%。自此之后，农民的收入开始进入稳步增长时期，在2017年底，农村人均纯收入达到13 432元。仅从静态数据来看，在改革开放40年间，农民的收入增长了约100倍。

第二，从农民收入的构成来看。人民公社时期，受制于农业生产结构的单一性，农民所有的收入都源于土地，在农村几乎不存在其他副业性收入。在实行生产责任制改革之后，国家先是放开了对农业经营内容的管制，允许农民开展副业经营，而后国家取消了农产品的统购派购体制，放松了对户籍制度的限制。原有固锁在农村土地上的劳动力得以解放，大量农民进入城市务工，农民的收入构成由原来的单一性土地收入转变为多元性收入。在1985年，全国平均每个农户拥有的私人住房、生产性固定资产、储蓄存款、手持现金和余粮等项加总为3 812.7元，按照相同口径计算，1985年的农户总资产比1981年增长了1.68倍，年均增长率达到了27.37%。“从1993年至2013年，财产性收入最高占比3.4%（2010年），转移性收入最高占比8.8%（2013年）……直到2013年工资性收入所占比重第二次高于家庭经营性收入，2013年工资性收占比重为45.3%，家庭经营性收入所占比重为42.6%。”（王鹏程，2018）

第三，从财产主体数量来看。在人民公社时期，农村的最主要的财产主体是人民公社，农民自己财产的拥有量很小。抽样调查显示，1978年，每个农户平均拥有住房3.64间，估价不超过500元；年末平均储蓄额为32.09元；每户拥有自留地0.5~0.7亩。当时，每个公社平均拥有固定资产305.9万元；据估计，当时全国人民公社的资产总额约为1 614.6亿元，集体存款55.67亿元，集体耕地估值约12 000亿元。若抵销掉所有的负债，人民公社财产总额共约14 000亿元，其中，地产价值占到85.7%（发展研究所综合课题组，1987）。然而，在“包产到户”改革之后，原有人民公社一家独大的农村财产占有形式逐渐开始分散。集体土地在平均分配给农户之后，农户所占有的地产价值由1978年的不足800元上升到1985年的10 500元。原来人民公社占有的大型农具、机械、牲畜等生产资料也通过折价的形式转卖给农户。据统计，到1985年，已流转到农户手中的集体资产应当在200亿元以上（发展研究所综合课题组，1987）。除此之外，基于独立农户财产权基础上的新的经济联合体、私人企业和合作企业也发展起来。1985 年，全国新经济联合体达到了 48.4 万个，由部分社员联营的合作企业以及其他形式的合作企业等共有资产估价为 210 亿元；通过对从事二、三产业的专业户中雇请帮工、徒工 8 人以上农户的统计，平均每户雇工 10.97 人，其所拥有的资产总额大约为 10 亿元（发展研究所综合课题组，1987）。

农民财产权利的解放继而带来了农村经济和社会更深层次的变化，也进一步带动了农村经济的蓬勃发展，其中最具代表性的就是乡镇企业的繁荣。在人民公社时期，当时的各个公社已经广泛办有自己的社队企业，而且社队企业对改善农民的生活水平也起到了重要的作用。从总体来看，人民公社时期的社队企业发展速度是比较缓慢的。据统计，1958 年底，全国社办工业企业的数量为 26 万个，总产值为 62.5 亿元（马杰三，1989）。到了 1978 年底，全国社办工业企业的数量为 32 万个，总产值为 211.9 亿元（国家统计局，1980）。在 20 年时间里，社队企业的产值虽然实现了翻倍增长，但是社办工业企业的数量却只增长了 23%。在实行“包产到户”改革之后，受到国家政策和农村劳动力解放的影响，乡镇企业的发展呈现出高速发展的趋势，它对于农民财产权利的重塑、剩余劳动力的吸纳以及农村经济的发展都起到了巨大的推动作用。

对农民的财产权利来说，经过乡镇企业的发展，农民的收入水平得到了极大的提高，其收入构成也发生了巨大的变化。在 1985 年，全国农业人口从乡镇企业获取的人均收入已经由 1978 年的 20.1 元上升到 133.79 元，7 年时间增长了约 5.7 倍。农民从乡镇企业获取的收入占农民人均纯收入的比重由 1978 年的 15%上升到 1985 年的 34%，在一些经济比较发达的沿海地区，农民从乡镇企业获取的收入占比甚至能达到 70%~80%。为此，许多地方的农民还编起了顺口溜，“想要富，农工富”，“无农不稳，无工不富，无商不活”（胡必亮，1996）。

对剩余劳动力的吸纳来说，乡镇企业的繁荣发展吸纳了大量的剩余劳动力，许多农民进厂不进城，进一步改善了农村劳动力结构。据统计，在人民公社时期，农村的剩余劳动力在 40%~50%；到 1978 年，全国社队企业吸纳了约 2 800 万农村劳动力。然而，由于当时农民数量基数太大，社队企业吸纳农村剩余劳动力的数量也只占到农村劳动力总数的 9.2%。在改革开放之后，乡镇企业得到了迅速的发展，其吸纳农村剩余劳动力的能力也稳步提升。截至 1987 年年底，乡镇企业职工总数已经达到了 8 805.2

万人，占农村劳动力人数的比重由 1978 年的 9.2%上升到 22.6%。在珠三角、长三角和一些大型城市的农村地区，乡镇企业职工的数量甚至占到了农村劳动力总数的 70%。以江苏省无锡县为例，在 1986 年底，无锡县乡镇企业职工总数为 41.2 万人，占当地农村劳动力总数的 75%（《当代中国》丛书编委会，1991）。

对农村经济的发展来说，乡镇企业逐渐成为农村经济发展的主力军。1965 年，乡镇企业总产值占全国工业总产值的比重只有 2.1%，但到了 1987 年底，全国乡镇工业企业发展到 708.3 万个，乡镇工业企业总产值达到 3 243.9 亿元，占全国工业总产值的 26.7%。在全国乡镇工业企业总产值与农业总产值的比较方面，1957 年，全国副业总产值 22.9 亿元，占农业总产值的 4.3%；到 1986 年，全国工业总产值达到了 3 540.9 亿元，占全国农业总产值的 115.3%，乡镇企业总产值首次超过了农业总产值（《当代中国》丛书编委会，1991）。在此之后，乡镇企业一直保持了比农业生产总值更快的增长速度，其不仅支援了农业生产建设，也促进了城乡经济之间的交流，加快了农村城市化的进程。

综上可知，农民在“包产到户”改革之后取得了财产权利的解放，而且这种解放带来的红利一直延续到了乡镇企业的繁荣上来。乡镇企业的发展又反过来促进了农民财产权利的进一步解放，农民财产权利的解放又为其追求身份权利的进一步解放奠定了基础。为了追求更高的生活水平和生活质量，越来越多的农民开始进入城市务工、上班或者学习，新中国成立以来规模最大的人口迁徙大潮就此到来。

第二节　“包产到户”改革引起的人身权利松绑

如前所述，“包产到户”改革所引起的不仅有农民财产权利的解放，还引起了农民人身权利的松绑。在责任制改革前期，这种人身权利的松绑与财产权利的解放呈现出相辅相成的关系，笔者将“包产到户”改革引起的人身权利松绑划分为择业自由（社会分层）、城乡迁徙和身份权转换三个方面。

对于择业自由来说，我们也可以将其表达为农村社会分层的多级化或者农民身份权的内部转换。“包产到户”改革在促进了农村经济大发展的同时，乡村经济活动的多元化也为农民提供了更多可供选择的从业机会，曾经身份单一的农村社会结构迎来了社会分层的松绑。其中，有些农民继续从事专门的农业生产，另一些农民则摆脱了土地，变成了“农民企业家”或者“个体工商户”，农民、商人、工人、技术人员、企业家和管理干部等纷纷在农村社会发展中大展身手。胡必亮（1996）对晋西北高原屯瓦村的调查结果显示，在 1993 年，该村的社会分层可以分为 8 层，即：村干部；企业主；推销员；锅炉厂工人；小工商业者及运输专业户；外出打工者；土地承包专业户；小土地经营者。这些新的社会分层的形式是农民财产权利解放所引致的必然结果，它丰富了农民职业选择的自由。然而，由于新形成的制度基础不牢固，农村经济也处在不断发展变化的过程中，这些社会阶层也面临着进一步的瓦解和重塑。

对于城乡迁徙来说，最典型的案例无疑就是改革开放初期的农村劳动力大转移。从 1978 年开始，我国农村劳动力大转移逐渐拉开序幕。据统计，在 1978~1999 年的时间里，农村向非农产业转移的劳动力有 1. 18 亿人，平均每年转移 562 万人。劳动力转移的总量由 1978 年的 0. 22 亿人上升到 1999 年的 1. 4 亿人，年平均增长率为 9. 3%。农村劳动力的非农化率由 1978 年的 7. 1%提高到 1999 年的 29. 8%，提高了 22. 7 个百分点（刘怀廉，2004）。伴随着农村劳动力大迁徙的一个典型现象就是民工潮。民工潮现象产生于 20 世纪 80 年代后期，受城乡收入差距逐渐扩大的影响，在 80 年代末和 90 年代初，大批的农民工进入城市打工。据安徽、四川、湖南、湖北、江西、河南等六省的不完全统计，1982 年底，农村外出打工的劳动力还不足 100 万人，但是到 1993 年已经增加到了 2 400 万人。安徽省 1982 年外出打工的劳动力为 12 万人，到 1993 年已经达到 300 万人，增加了 24 倍（刘怀廉，2004）。

改革开放后的农村劳动力大迁徙浪潮主要是由日益扩大的城乡收入差距引起的。1978 年，我国城乡收入差距比为 2. 57∶1；到了 1985 年，城乡收入差距比下降到 1. 86∶1；但是到了 1997 年，城乡收入差距比又上升到 2. 47∶1；到了 2003 年的时候，城乡收入差距比甚至达到了 3. 23∶1（高发，2008）。在城乡收入差距逐渐扩大的“拉力”以及小农生产动力不足的“推力”下，大批的农民进入城市打工，以追求更多的财产权利。当然，除了受到城乡收入差距影响之外，改革开放后的劳动力大迁徙还受到国家城镇化政策和户籍政策的影响。1994 年，经国务院同意，建设部下发了《关于加强小城镇建设的若干意见》；1997 年 6 月，国务院批转了公安部《小城镇户籍管理制度改革试点方案》和《关于完善农村户籍管理制度意见》的通知，允许已经在城镇生活和工作多年的农村户口转为城镇户口。城镇化政策的推进和户籍制度的放开为农村劳动力向城市流动奠定了政策基础。

对于身份权转换来说，农民进入城市之后就一定会面临身份转换的问题。受到二元户籍制度的影响，对进城农民来说，他们的身份转换受到诸多户籍政策的制约。农民长时间进入城市打工，但是他们又无法据此获得城市居民所拥有的权利，只能作为临时工生活在城市。他们与城市居民在住房、医疗、卫生、教育等方面都有着明显的差别待遇，所以，在某种程度上，“农民工”一词既能显示其区别于工人，又能显示其区别于农民，是一个十分“恰当”的词汇。然而，不同于农民入城后的身份转换受阻情况，大量农民进城后对农村的社会结构、家庭结构以及农地结合形式产生了巨大的冲击。

对农村社会结构变化来说，新中国成立以后随着人民公社制度的建立，原先在农村社会结构中以宗族治理为核心的传统乡村治理体系面临崩溃，国家在农村建立起一套以国家计划为核心的“政社合一”的治理体系。然而，在“包产到户”改革之后，人民公社制度的取消也在一定程度上唤起了宗族治理的回归，曾经以家庭联系为纽带的农村社会治理结构在一定程度上得以重塑。不过，随着农村劳动力的大量外流以及农民身份的转换，这种回归的宗族治理体制又重新面临瓦解。由于家庭与家庭之间、亲戚与亲戚之间的联系逐渐弱化，新的乡村治理结构渐次凸显出农民自治的特色，而随着农民身份转换的进一步扩大，这种自治的特点又进一步得到了强化。

对于农村家庭结构来说，它面临着严重的“形式和意识双分化”的局面。在大量农村劳动力转移的情况下，许多“80 后”和“90 后”农民会选择进城打工或者落户，留在农村老家的都是祖辈和父辈，农村直系血亲的家庭结构面临着形式分化的问题，这种分化的发展也产生了“空巢老人”和“留守儿童”等问题。对于意识分化来说，随着科学技术的发展和普及，广播、电视、电脑等新兴传播工具不断在农村出现，年轻一代的农民不再只接受“如何成为一个合格的农民”这样的身份定位，也可以接触到几乎与城市人口一样多的信息。在知识获取途径剧增的前提下，农民的下一代并不再想着如何成为一个合格的农民，他们会去想如何摆脱“世世代代都是农民”的局面。许多“80后”和“90后”农村青年在成年之后，不再像其祖辈父辈一样从“土里刨食儿”，而是选择到大城市打工或者学习，由此，越来越多新的“农户”不愿再把自己的承包地当作命根子，而是更愿意将其当作一种纯粹的财产性收益来进行处理和支配。在“形式和意识双分化”的前提下，农村的家庭结构也逐渐由紧密结合型走向松散联合型。

从农地结合形式来看，随着大量的农村劳动力进城打工或者定居，原先农民完全依附于土地的现象逐渐趋于消失，曾经“家家都种田”的现象也被土地大量荒废、闲置所代替。在新形势下，农地结合形式也发生了变化，学界将其总结为“离乡不离土”、“半离乡离土”和“完全离乡离土”三种模式。其中，“离乡不离土”指的是外出务工的农民在农忙时节仍然回家种地，并据此获取一定的农业经营性收益的生活方式。“半离乡离土”指的是外出务工的农民虽然已经不再直接从事农业生产，但是通过将承包地租出去的方式，这些农民还能够取得一定的农业经营性收益的生活方式。其实，无论“半离乡离土”的生活方式，还是“离乡不离土”的生活方式，它们都是农村劳动力进一步解放以及城乡融合的过渡阶段所具有的特征。经过改革开放40余年的发展，“完全离乡离土”的农民生活方式逐渐得以兴盛并发展起来。由于从事农业生产的低收益性，许多离乡农民不愿再花费过多的时间经营承包土地，农村土地荒置的现象日益严重。由于大量农民完全脱离农村土地，新一轮的土地经营方式改革也势在必行。

总体说来，“包产到户”改革对农民身份权利的解放造成了深远的影响，农村的社会分层、传统治理体制、家庭宗族结构以及农地结合方式都发生了巨大的变化。农民财产权利的解放与人身权利的松绑也是分不开的，农民可以自由选择职业，自由选择生活方式，自由选择工作地点，而人身权利的松绑为财产权利的进一步放开提供了条件，这是农民财产权利解放必不可少的要素。然而，若将农民财产权利的解放与人身权利的松绑作对比的话，我们会发现财产权利的解放程度要明显高于人身权利的松绑程度。这种权利解放程度造成的发展层次差异在最初的时候并不会显化，但是，随着财产权利解放程度的逐渐扩大，两者之间的差距变得越来越明显。人身权利松绑的落后性使得其由原来的积极性地位逐渐转变为消极性地位，而这种消极性地位的积累最终导致了新一轮的土地制度改革。

第三节　农民人身权利的落后对财产权利进一步解放的制约

农民人身权利的落后对财产权利进一步解放的制约主要体现在两个方面。一方面，农民进城后，若其无法取得城市户籍，则他们与城镇居民在住房、医疗、教育和社保方面有非常大的差距；另一方面，农民进城后，现有土地承包制度和宅基地审批制度需要对身份资格权进行一定的限制，这进一步抑制了农民财产权利的解放。

改革开放后，尽管国家不断出台相关政策以推进城乡融合、弥补城乡居民的收入差距，然而，由于对两者身份权上存在诸多制约，因此两者在财产权利上也依然存在巨大的差距，而且这种差距正在以不断扩大的态势运行。以城乡社会保障制度为例，我国的社会保障制度始终都处于一种城乡“二元”分置的状态。改革开放之后，原先存在于人民公社时期的“一揽子”社会保险制度被企业保障制度所代替，此后，失业保险制度、工伤保险制度、生育保险制度以及“三条保障线”政策相继出台，城镇居民的生活得到了全方位的保障。反观农民的社会保障制度，农民的社会保障长期处于残缺不全或者完全空白的状态；虽然随着制度改革的不断进行，农村地区也相继建立起来“五保户”制度、集体合作医疗制度等，但是这些制度并不是法定的社会保障制度，并且它们的保障水平也较为低下。对养老保险来说，它更是处于完全缺失的状态。除了社会保障制度之外，农村居民与城市居民在住房、教育、税收等制度方面也存在着巨大的差距。在“二元”户籍制度的影响下，进城务工的农民只要无法取得城市户口，他们就不能享有与城市居民同样的福利待遇；所以，由身份权的限制造成的对财产权的制约影响是巨大的，而这又对当前户籍制度改革进一步提出了挑战。

一方面，进城务工农民无法取得城市居民的福利待遇，另一方面，他们在农村的财产却普遍面临着资源浪费的现象。对承包地而言，2002 年颁布的《农村土地承包法》规定：有权获取本集体承包地资格的只能是本集体成员，其他村集体成员以及城市户籍人员没有资格承包集体土地。在土地经营权流转方面，现有法律规定土地使用权流转的方式有转包、出租、互换、代耕、转让、入股等六种方式。其中，转包、互换、转让和入股都只能发生在本集体经济组织内部，只有出租和代耕才可能发生在本集体经济组织之外。法律对土地经营权流转资格的限制严重制约了土地流转市场的拓展。此外，当一个村子的农民进城之后，这个村子的劳动力往往会在短时间内迅速完成转移，导致留在农村的大多是上了年纪的老人或者儿童，而农村劳动力的缺失又使得承包地土地大量被闲置，加之集体承包地的经营权无法在集体经济组织之外完成流转，这就使得被闲置的土地面临大量被荒废的局面。所以，法律制度对土地经营权流转的身份限制又造成了以下现象：拥有集体经济组织身份权的农户可以获取一份承包地，但是他们常年在城里打工，其主要收入来源是打工收入，因此，他们在农村的土地财产就无法得到有效利用。

对宅基地来说，由资格权限制所导致的财产权无法有效利用的现象也普遍存在。其中，一个典型的困境就是已经进城但未迁移户口的农民，他们并不能有效利用集体分配给他们的承包地和宅基地；而在当前法律制度的规定下，某些有意取得宅基地使用权的城镇居民却无法通过订立合同的方式取得宅基地使用权。如同承包地经营权一样，宅基地使用权也是宅基地众多权能中的一种，它并不触动实体宅基地的处分权利。相较于承包地能够在集体经济组织之外完成流转的情况，宅基地只能在集体经济组织内部进行流转，这样的规定严重制约了农民财产权利的行使，宅基地使用权的非生产性职能使得大部分长期进城务工的农民会把宅基地进行闲置。所以，对宅基地使用权来说，其同样存在严重的资源错配问题。

由上可知，无论是在承包地层面，还是在宅基地的层面，因对身份权的限制而造成的农民财产权的损失广泛存在。这种财产权损失的问题在“包产到户”初期并不明显，但随着土地非农化价值的上升，以及土地闲置现象的日趋严重，解决农村的土地资源闲置问题也成为新一轮农村土地制度改革的重中之重。在解决这一系列问题的策略中，首先要解决的无疑是土地使用权的身份限制问题，只有在突破了身份限制之后，农民的财产权利才能得到进一步的解放。

第四节 新一轮农地制度改革下农民权利的再次松绑

2014 年之后，国家先后出台措施推动农村土地经营权的流转以及探索宅基地使用权的开放。对承包地经营权的流转来说，2014 年的中央一号文件正式提出“三权分置”改革的意见，要求“在落实农村土地集体所有权的基础上，稳定农户承包权、放活土地经营权”。2018 年的中央一号文件中，国家又提出了要对宅基地实现“三权”分置政策，“完善农民闲置宅基地和闲置农房政策，探索宅基地所有权、资格权、使用权‘三权分置’”。农村承包地“三权分置”改革的意义在于使农村土地经营权物权化，而物权化的土地经营权不仅可以打破原有的债权与物权性质流转方式之分，也排除了户籍制度对一些土地经营权的身份限制。对宅基地使用权的探索来说，宅基地“三权分置”的意义在于通过放开农村宅基地使用权的身份限制，有效利用荒置的宅基地资源，进一步解放农民的财产权利。

农村承包地“三权分置”改革的重点是经营权的物权化，但是它的难点却是区分和重置农户的成员权。农户的成员权连接着土地承包权和经营权，在实施“三权分置”改革之后，只有建立以成员权为纽带的联动机制，才能更好地解决所有权、承包权和经营权三权重构的问题。所以，解决成员权身份的问题就成了农地“三权分置”改革的前置要件。学者孙宪忠（2016）认为，“在法律实践方面，首先要解决谁是成员、他的具体权利到底是什么的问题；然后还要解决成员资格如何取得、变更、丧失等问题”。然而，实际上，对成员权进行统一有效的界定却十分困难。在当前法律制度下，集体成员权依托的是集体经济组织，而非国家设立的行政村，它与户籍成员权并不是完全重叠的概念。由于当前我国的许多行政村并未建立完善的集体经济组织，所以，许多地方直接将户籍成员权代替集体成员权来推行“三权分置”改革。然而，将户籍成员权直接代替集体成员权的做法势必会导致以下问题：它只适合于经济不发达地区和人员流动比较缓慢的地区。对于人员流动速度较快的地区来说，相对固化的户籍制度很容易使得农户之间、农户与村委会之间产生矛盾。所以，在对成员权作区分时，当前国内的法律很难形成统一的界定标准。

对“三权分置”改革的目的而言，它并不是首次探索土地经营权的分离，而是要为早已进行的土地经营权流转实践提供更加强有力的制度保证。2002 年颁布的《农村土地承包法》第三十二条规定，“通过家庭承包取得的土地承包经营权可以依法采取转包、出租、互换、转让或者其他方式流转”。这种分离出去的就是土地经营权作为纯粹的财产性权利，是可以通过订立合同的方式进行流转的。然而，在“三权分置”改革之前，我国的土地流转行为存在诸多的问题，比如流转程序不规范、流转市场狭小、流转意愿不足等，这些问题产生的根源在于原先债权性质的法律制度无法充分保证土地经营权流转的稳定性，它难以给予土地经营权人稳定的收益预期。而在实行“三权分置”改革之后，原先债权性质的土地经营权实现了物权化，物权化之后的土地经营权强化了原来不稳定的制度环境，土地经营权人不用再担心土地承包权人任意毁约，也不用担心频繁的土地政策调整。所以，通过解放农民的人身权利，其财产权利也得到了进一步的解放。

对于宅基地使用权来说，它对农户人身权利的制约更加明显。在现有的法律规定中，没有明确的条文禁止宅基地使用权在集体经济组织之外流转，也没有明确的条文规定宅基地使用权可以在集体内部流转。对禁止外部流转的规定来说，国土资源部 2004 年下发的《关于加强农村宅基地管理的意见》规定，“严禁城镇居民在农村购置宅基地，严禁为城镇居民在农村购买和违法建造的住宅发放土地使用证”。然而，对宅基地使用权的内部流转来说，即使法律没有明文规定，但本着“法无禁止即自由”的原则，它却可以在集体经济组织内部实现流转。从法律原则角度来看，其论证逻辑如下：宅基地所有权属于集体所有，宅基地使用权由集体无偿赋予集体成员，因此，宅基地使用权天然地就带有十分强烈的身份权属性在内，它可以在集体成员内部之间实现流转，因为这些成员都具有同样的集体身份；但是，它不能在本集体之外的成员之间进行流转，因为集体外的成员不具有集体身份。因此，在受到对宅基地身份权严格限制的情况下，宅基地使用权的流转市场规模就极其狭小，它并不能充分吸纳大量剩余的宅基地资源，所以，当前的宅基地闲置的情况十分严重。

在新一轮的宅基地“三权分置”改革过程中，成员资格权与宅基地使用权成为改革的重点。宅基地“三权分置”改革的目的在于维护农户合法取得宅基地使用权的同时，将宅基地使用权的适用范围放开，以缓解当前资源错配的住房供给状况。进城务工的农民在追求更为平等的城市福利待遇的同时，也可以将宅基地作为财产进行进一步的处置。然而，相较于承包地“三权分置”改革的渐进性而言，宅基地“三权分置”改革是真正的从零开始，它并没有早已成熟的宅基地流转实践，所以，在改革伊始，宅基地改革所面临的问题要比承包地改革多得多。比如，何时才能放开获取宅基地使用权的身份限制，允许城镇人口进村买房；宅基地在集体经济组织内部的供应是否可以由无偿供应向有偿供应过渡；等等。这些问题的复杂性使得宅基地解放农民身份权和财产权的困难程度要远远高于承包地，其不仅构成当前农村土地制度改革的重点和难点，更为未来农地制度改革提出了新的挑战。

不过，可以预见的是，在新一轮土地制度改革克服了当前的身份权难题之后，它将会迎来农民身份权利和财产权利的再次松绑。对身份权利的松绑来说，承包地和宅基地的“三权分置”改革都是以突破成员权的限制为前提的。农户与土地之间的身份联系将进一步削弱，他们将更多地把土地当作纯粹的财产权进行处置。农民与土地之间身份权联系的削弱将为他们进城务工、自主创业以及开展副业性经营提供更为宽松的制度环境，土地（尤其是耕地）对他们来说不再是身份的羁绊，而是成为他们寻求进一步财产权利解放的必要条件。

对农民身份权利的松绑来说，承包地“三权分置”改革提供了更为稳定的制度保证。农民进城之后，其承包地不用再像之前一样将土地进行无序流转，而是可以依托更为广阔的服务平台，对承包地进行更为规范有序的流转。同样，在宅基地“三权分置”改革实施之后，进城农户也可以将属于自己的宅基地进行流转，这进一步解放了他们的财产权利。可以肯定的是，随着农村土地制度改革的深入推进，农民的财产权利和人身权利终将迎来更高程度的松绑，而农民权利的松绑也将引起新一轮的社会经济大变革。

第五节　小结

总的来说，自新中国成立以来，我国农村土地制度几经更迭，在“包产到户”改革之后，农民的人身权利和财产权利才真正得以松绑。对农民的财产权利松绑来说，在农业生产方式、农民的收入总量和构成、农民的生活方式以及乡镇企业发展的前提下，农民的财产权利得以重构。农民财产权利的率先解放引起了农民身份权利的进一步松绑，人口迁徙、农民的身份转换以及新的农村社会分层也在不断发展演化。然而，若将整个过程进一步细分的话，它可以划分为两个阶段。第一个阶段是“土地改革—社会变革”的前期制度演变路径。此时的财产权利与人身权利松绑相辅相成、共同发展，财产权利的松绑发挥了第一梯队的作用，并直接引致了农民身份权利作为第二梯队的进一步松绑。第二个阶段是“社会变革—土地改革”的后期制度演变路径。此时，农民财产权利的松绑程度已经明显高于人身权利的松绑程度，农民对财产权利的追求倒逼人身权利必须进行改革，并最终引致了当前的农村土地制度改革。对当前的农村“三权分置”制度改革来说，它仍然有许多问题没有解决，未来的农地制度改革仍然要突破对人身权利的限制，继而使得广大农民获取与城镇居民一样更为广泛、平等和高质量的财产权利。

第七章

所有制实现形态下的改革评价标准

改革开放以来，中国农村土地制度改革是中国共产党与广大劳动人民轰轰烈烈建设社会主义国家的伟大尝试。纵观整个农村土地制度改革过程，其中既有继承与发展的牵连，也存在着颠覆与突破的羁绊。在多年的制度变迁中，可以总结出中国农村土地制度改革的一般评价标准，这对于未来的农村土地制度改革具有重要的理论和现实意义。

第一节　马克思主义“所有制—产权”逻辑框架

为了更为清晰地阐释所有制与产权的辩证统一，图 7-1 构建了“所有制—产权”的理论逻辑框架。其理论逻辑起点是不同形态的所有制①，其逻辑终点是生产力的发展状态。从逻辑起点到逻辑终点遵循的是马克思对不同所有制历史发展阶段的论证，即“亚细亚的、古代的、封建的和现代资产阶级的生产方式”，乃至共产主义的生产方式。在这个过程中，所有制与生产力发展是辩证统一的关系。当所有制是一种激励相容的生产关系时，其能够对生产力发展起到积极的促进作用。此时，生产力的发展又进一步促使原有生产关系发生转化，从而进入新的生产关系中。相反，当所有制无法形成激励相容的机制时，停滞的生产力无法促使生产关系发生转化，反而会加剧其不兼容性。具体而言，以所有制和生产力为起止界限，整个逻辑循环可以进一步划分为“所有制—产权—生产力”的内在循环与“生产力—生产方式—所有制”的外在循环两类。内在逻辑是通过产权调整最终影响激励机制的形成，以此作用于生产力。而外在逻辑则是通过生产力的发展影响生产方式，以此决定所有制的转化抑或停滞。以上两种逻辑存在一致性，即内在逻辑对生产力产生积极作用时，生产力的发展又会对所有制产生积极作用。相反，处于停滞状态的生产力将阻碍生产关系的进一步转化。

---

① 所有制不是一种简单的财产归属关系，而是全部生产关系的总和……生产关系可理解为不仅包括生产资料的所有制关系，人们在生产中的地位和交换关系，产品分配关系等，也即特殊的生产关系，还包括具体生产过程中的劳动者之间的协作、分工、集中与联合等经济关系，以及受制于科技发展的劳动者运用劳动资料的形式演变关系，也即一般的生产关系。所以，生产力与所有制之间的逻辑也可以转换为生产力与生产关系之间的逻辑。何玉霞，刘冠军：《马克思重建个人所有制的再解读——以生产关系的二重性为分析视角》，《社会主义研究》，2013 年第 1 期。

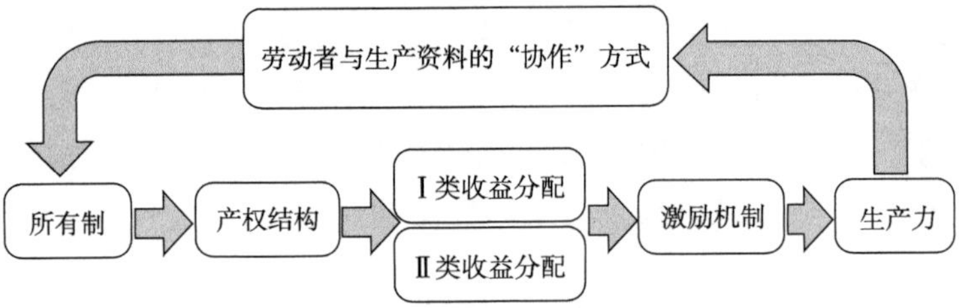

图 7-1　“所有制—产权”逻辑框架

一、“所有制—产权”的内部逻辑

“所有制—产权”的内部逻辑表现为“所有制—产权结构—收益分配—激励机制—生产力”的逻辑进路。马克思、恩格斯在《德意志形态问题》中指出，“分工的各个不同发展阶段，同时也就是所有制的各种不同形式。这就是说，分工的每一个阶段还决定个人在劳动材料、劳动工具和劳动产品方面的相互关系”（马克思，2009）。这句话可以理解为：所有制内部是“个人在劳动材料、劳动工具和劳动产品方面的相互关系”，这种关系集中体现为人与人之间的财产关系，即产权关系。于我国经济体制改革而言，党的十八届三中全会指出，要“健全归属清晰、权责明确、保护严格、流转顺畅的现代产权制度”。现代产权制度的建立与完善是巩固公有制经济的主体地位，并激发非公有制经济活力的核心。无论是从马克思、恩格斯的经典表述，还是从中央政策文件来看，所有制与产权之间都具有十分紧密的联系。

然而，虽然所有制与产权之间可以建立直观的逻辑联系，但产权理论依然是一个庞杂的理论体系。将产权进一步剖析以挖掘其核心命题就显得至关重要。在此，借助于产权的基本属性，可以证明以下基本事实：对于农民而言，实现收益最大化是最理性、最质朴、最迫切的追求。因此，对于农村土地产权的调整目标而言，如何帮助农民获得最大化收益就成为问题的核心。从一般意义上讲，“成本—收益”最大化不仅符合理性经济人的基本假设，而且对于我国现实情况而言，提高农民收入水平以缩小城乡之间的收入差距，对于乡村振兴战略的实施具有重要意义。所以，原有命题“如何调整农村土地产权结构”可以进一步转化为“如何调整农村土地产权结构以使得农民收益实现最大化”这一命题。

结合产权理论，“农民收益实现最大化”又可以根据收益性质划分为以下两类：Ⅰ类是基于产权可支配性所取得的永久性处分收益；Ⅱ类是基于产权可交易性所取得的临时性增值收益。Ⅰ类收益是对土地本体的处置行为。从法律意义上讲，该处置行为是一种物权行为，处分过后的产权将发生物权永久灭失的效果。例如，2018年以来，我国积极探索的宅基地有偿退出机制就属于Ⅰ类收益关系，其旨在解决农户与宅基地使用权之间的用益物权关系。有偿退出之后的农户不再享用宅基地使用权，也不得利用原有宅基地从事任何经营性利用行为。Ⅱ类收益是针对土地的经营性利用行为。从法律意义上讲，该利用行为是一种债权行为。土地产权的交易使得出让人和受让人之间形成了一种债权债务关系。出让人有权根据合同要求受让人支付相应价款，而受让人也可以在合同约定范围内行使相应权利。不同于物权灭失的永久性，债权合同的缔结并不意味着出让人永久丧失土地经营权。一旦合同到期，或者任何一方提前解除合同，该债权债务关系都将得以解除。所以，无论Ⅰ类还是Ⅱ类收益关系，毫无疑问，其都可以为产权主体带来土地收益。与之相应，“如何调整农村土地产权结构以使得农民收益实现最大化”这一命题又可以进一步引申为“如何调整农村土地产权结构以使得农民的Ⅰ类和Ⅱ类收益关系实现最大化”这一命题。

在理顺Ⅰ类和Ⅱ类收益关系的基础上，调整后的产权结构就是一种激励相容的产权结构，而激励相容的产权机制对于生产力的发展又具有积极的推动作用。经过以上论述，“所有制—产权”的内在循环逻辑可以作如下总结：所有制改革以产权调整为主要手段，而产权结构调整又以产权主体的收益最大化为目标，实现收益最大化需要理顺Ⅰ类和Ⅱ类收益关系，在此基础上可以构建激励相容的生产机制，以促进生产力的发展。

当然，除了纯粹的逻辑论证外，以上结论还可以通过借助英格兰的土地保有制的发展变迁作一种案例证明。1066年，在诺曼底公爵征服英格兰之后，产生于诺曼底地区的军事保有制开始被移植到英格兰，并逐渐形成了以土地为核心的土地保有制。土地保有制指的是土地所有权在由国王所享有的同时，允许一定数量的土地保有人保有土地。作为保有土地的对价，保有权人需要向国王支付一定的封建役物。在土地保有制下，土地权利可以由多个权利主体共同享有，而每一级的保有权都具有相对的独立性，从而呈现“相对所有权”状态（梅夏英，2002）。“对于每一块封地，虽然其所有权源于国王，但其‘掌握人’即封臣能够真正地占有、支配并无限收益”（冉昊，2006）。在国王和自耕农之间，可以同时存在多级“类所有权”的土地保有关系。“在爱德华一世在位时期，在同一块土地上曾同时存在 8 个保有制关系”（波洛克，1987）。然而，如此复杂的土地产权结构并未阻止保有制在英格兰的发展，虽然几经变迁，但直到 1922 年英国《财产法》颁布，绵延近千年的土地保有制才正式走向消亡。在英格兰的土地保有制中，土地产权结构无疑是极其复杂的，其不仅牵涉无数的利益主体，更波及众多的社会阶层。但是，如此驳杂的土地制度却能够在英国延续近千年，毫无疑问，其诀窍就是收益分配机制的清晰界定。在此基础上，激励相容的生产机制才得以构建，从而进一步促进了生产力的发展。

二、“所有制—产权”的外部逻辑

“所有制—产权”的外部逻辑表现为“生产力—生产方式—所有制”的逻辑进路。对于农村土地制度改革而言，劳动者与生产资料之间的结合形式又可以划分为劳动者与土地之间的结合形式以及劳动者之间的“协作”形式两种。

对于“生产力—生产关系”的“二元决定论”来说，我国已经达成共识。然而，自改革开放以来，突破“二元决定论”的理论研究也不在少数。其中，“生产力—生产方式—生产关系”的三元结构理论就是一种颇具影响力的理论。吴易风先生在 1997 年发表在《中国社会科学》上的一篇论文中指出，“理解《资本论》研究对象的关键，就在于理解马克思的生产力—生产方式— 生产关系原理”（吴易风，1997）。通过对中文版和法文版《资本论（第一卷）》脚注 33 对《政治经济学批判》序言中“生产力—生产关系”原理的重大修改，以及对《资本论（第三卷）》中关于“生产力—生产方式—生产关系”的详细论述，吴易风先生充分论证了马克思“生产力—生产方式—生产关系”原理的恰当性①。把马克思的这

① 虽然本书采取了三元结构理论，但是国内也有学者对这种观点持反对态度。如吴宣恭先生就明确反对从马克思著作中寻章摘句寻找论据的做法，而卫兴华先生也坚决主张“生产力—生产关系”的二元结构。吴宣恭：《论作为政治经济学研究对象的生产方式范畴》，《当代经济研究》2013 年第 3 期；卫兴华：《科学把握生产力与生产关系研究中的唯物史观——兼评“生产关系决定生产力论”和“唯生产力标准论”》，《清华政治经济学报》，2014 年第 1 期。

些论述作一个最简单的概括，那就应该是：生产力决定生产方式，而生产关系则又是与生产方式相适应的（马家驹，1981）。

那么，什么是生产方式呢？《新帕尔格雷夫经济学大词典》给出的定义是："从一般意义上说，生产方式可以定义为生产力与生产关系的某一具体组合。"[①] 从这种定义可知，生产方式、生产力以及生产关系之间存在千丝万缕的联系，但是，生产方式又不同于生产力或者生产关系。在马克思那里，生产力、生产方式、生产关系三个范畴之间，既不存在替代关系，也不存在包容关系（吴易风，1997）。若进一步追问，生产方式包含哪些内容？在此，借鉴马家驹和蔺子荣 1981 年发表于《中国社会科学》的一篇文章中所阐明的观点，生产方式具有两重性：生产的社会形式和劳动的方式。其中，劳动的方式指的是"劳动者在劳动过程中相互结合的方式以及他们使用劳动资料的方式"，而生产的社会形式指的是"既表现为个人之间的相互关系，又表现为他们对无机自然的一定的能动关系"（马家驹、蔺子荣，1981）。

在此基础上，结合圣西门学派对所有制的定义——所有制包括地产和资本，用经济学家的语言来表示，就是生产基金——可知，农村土地的生产方式可以进一步阐述为"劳动者与生产资料之间的有机结合形式"这一命题（巴扎尔，1986）。

结合我国农村土地制度改革历程可知，以上命题可以进一步划分为劳动者与土地的结合方式以及劳动者之间的"协作"方式两类。其中，劳动者之间的"协作"方式指的就是马家驹和蔺子荣所谓的劳动方式。不同的劳动方式会对生产关系产生不同的作用力，马克思对"协作"的重点讨论就是对劳动方式的论述，指出"分工是一种特殊的、有专业划分的、进一步发展的协作形式，是提高劳动生产力，在较短的劳动时间内完成同样的工作，从而缩短再生产劳动能力所必需的劳动时间和延长剩余劳动时间的有力手段"（马克思，1979）。在我国农村土地制度改革过程中，劳动者与土地的不同结合方式产生了不同的劳动方式，与之相应的经济效率状态也大相径庭。相比之下，劳动者与土地之间的结合形式可以归结为生产的社会形式，而生产的社会形式在《资本论》中更是随处可见。比如，马克思在批判庸俗经济学"三位一体"公式时曾指出：在这个公式中第一件引人

---

① 《新帕尔格雷夫经济学大词典》第 3 卷，经济科学出版社，1996 年版。

注目的事情是：在资本旁边，在一个生产要素的这个属于一定生产方式、属于社会生产过程一定历史形态的形式旁边，在一个与一定社会形式融合在一起、并且表现在这个社会形式上的生产要素旁边，直接地一方面排上土地，另一方面排上劳动，即排上现实劳动过程的两个要素（马克思，1995）。从以上这句话不难看出，马克思认为社会经济形态或者经济结构也属于生产的社会形式的一种。对于我国农村土地制度来说，其又主要表现为劳动与土地之间的有机结合。

三、“所有制—产权”逻辑一致性

以上论证了“所有制—产权”的内部逻辑和外部逻辑，但是它们的逻辑相关性却没有得到进一步论证。不过，从一般意义上讲，以下结论依然是较为明朗的，即“所有制—产权”的内部逻辑所发生的积极转化将促使外部逻辑也发生积极的转化，反之亦然。一言以蔽之，尽管“所有制—产权”逻辑框架囊括了所有制和产权两种范式，但是，它们两者之间的逻辑又具有内在一致性。

这种逻辑一致性可以表述如下：当“所有制—产权”结构理顺了收益分配机制时，产权主体可以凭借对财产的交易性与支配性获取Ⅰ类和Ⅱ类收益，这有助于激励相容的生产机制的形成，激励相容的生产机制又将促进生产力的发展。生产力的发展将进一步优化生产方式，加强劳动者与生产资料之间的有机结合，这种“协作”的优化又将进一步促进生产关系（所有制）发生解体和转化。如此循环往复，经济的持续增长便可以实现。相反，当“所有制—产权”结构无法理顺收益分配机制时，产权主体对财产所享有的Ⅰ类和Ⅱ类收益关系也将产生阻滞效果，无法实现收益最大化的产权主体致使生产机制也处于激励不相容的状态，生产力的发展也随之处于停滞状态。停滞的生产力不仅无法优化原有的生产方式，还极有可能致使生产关系（所有制）发生倒退。如此循环往复，经济增长的停滞便必然会出现。在逻辑一致的前提下，建立在财产私有基础之上的产权理论与马克思所有制理论之间便可以形成一种序贯的逻辑循环。

比较而言，“所有制—产权”的逻辑一致性与道格拉斯·诺斯的“路径依赖”理论具有异曲同工之妙。受制于意识形态、交易成本以及伦理道德的影响，一旦行为主体选定了某种制度安排，之后的制度演进将受到惯性力量的影响，从而走上一条自我强化的道路，这也被称为“锁定”。因此，在“所有制—产权”框架下，如何确保行为人在做出最初的选择时能够选择“最优”的道路，则是后文讨论的主要内容。通过构建一种综合的评价标准，可以有效解决“路径依赖”的“锁定”问题。

第二节　所有制实现形式：一种综合性评价标准的构建

诚如上述，在“所有制—产权”的逻辑结构中，如何确保行为人最初的选择“最优”就成为核心命题。值得庆幸的是，在所有制理论漫长的实践检验过程中，已经基本上摆脱了单一所有制理论的桎梏。除此之外，还形成了一套能够为“所有制—产权”逻辑提供充足学理支撑的理论，即所有制实现形式理论。

一、所有制实现形式理论

1948 年，随着南斯拉夫（南共联盟）铁托政府与苏联斯大林政府交恶，南共联盟逐渐抛弃了苏联的单一国家所有制模式，并提出了一种完全不同于苏联模式的“自治”道路；其中，为“自治”模式提供理论支撑的就是所有制实现形式理论。

通过对经典公有制理论的重新解读，南斯拉夫学者指出：经典公有制理论并不是一种静态的、教条的理论，随着生产力的发展，其实现形式时刻处于动态调整之中。把公有制说成是某种静止的形式或教条，在理论上是站不住脚的……应当从社会关系的运动中，而不是从他们的静止的形式中去观察和理解他们（爱德华·卡德尔，1976）。在对所有制重新解读的基础上，“南斯拉夫多数的经济学家和理论家把苏联类型的国家所有制列为初级的最不发达的公有制形式的范畴”（伊万·马克西莫维奇，1975）。南斯拉夫的学者认为，单一国家所有制在其诞生之初就忽视了“所有制—产权”的循环逻辑，尤其是忽视了“所有制—产权—生产力”内部逻辑中的收益分配问题以及“生产力—生产方式—所有制”外部逻辑中的生产方式问题，这就导致单一国家所有制在其诞生之初就伴随着经济体制僵化、官僚问题严重、劳动者积极性丧失等诸多弊病。由于理论的桎梏决定了单一所有制模式无法依靠灵活调整劳动力与生产资料之间的结合关系来突破自身的困境，所以，其结果就不可避免地陷入了恶性循环当中。

为了对抗苏联的单一国家所有制模式，南斯拉夫学者提出了源自马克思、恩格斯的经典的社会所有制模式。社会所有制指的是生产资料既不属于任何人也不属于任何团体，而是属于全体劳动者，属于整个社会的所有制形式。在社会所有制下，国家只是社会的一个单元，真正实现社会所有必须依靠民有、民决、民用、民享——概括而言就是民众共同决定、共同受益的经济体制。自20世纪50年代之后，南斯拉夫的经济体制改革采取了一系列政策措施——诸如事权下放、扩大财权以及调整收入分配等——以贯彻社会所有制模式。这一系列举措取得了立竿见影的效果。20世纪“60年代中期以前曾出现过社会产值年均增长8.1%，个人收入年均增长5.3%的良好形势”（周通，1989）。在此之后，南斯拉夫经历了20年的经济繁荣期。然而，社会所有制这一近乎“完美”的理论设计却很难在政策层面落到实处。在20世纪70年代之后，由于过分追求“自治”的实效性，南斯拉夫的经济改革出现了较为严重的右倾错误。权力的大范围下移不仅发生在经济领域，还发生在政治领域，这就使南共联盟的威信和领导力在短时间内大幅流失。在20世纪70年代末，南共联盟的政治影响力几乎等同于一个普通的社会组织①。过于激进的改革措施最终导致南共联盟经济发展停滞、民族矛盾加剧以及社会秩序恶化，并进而导致南斯拉夫于1992年解体。

即便南斯拉夫在取得短暂辉煌之后走向解体，但是，其所有制实现形式理论的探索仍然为我国改革开放的全面深化提供了极为有益的借鉴价值。在农地“包产到户”改革初期，当时国内一大批知名学者对“包产到户”的正当性进行了大论战。针对所有制与经营形式的关系，张宝通指出，“所有制是生产关系的基础……只要这个基础不变，生产关系的性质就不会变”（国务院农村发展研究中心，1985）。杜润生与陆学艺指出：联产承包责任制是一个过渡阶段，其适应了农村生产力发展的需要，“因为

① 南共联盟早在改革伊始就提出了“自治利益多元主义”的主张，认为“我国的民主政治制度进一步发展的基础，必须是政治垄断主义的逐渐消亡，而代之以真正的自治政治多元主义，即自治主体个别和一般的真正自治利益的多元主义”。经历了30年的政治权力下移，南共政府在全国的威信早已大打折扣。随着铁托在1980年去世，作为“压死骆驼最后一根稻草”的中央“权威真空”问题彻底爆发，引致了南斯拉夫走向解体。参见爱德华·卡德尔著：《民主与社会主义》，邱应觉等译，人民出版社，1981年版。

农业生产有适宜于分散经营的一面，也有需要大规模统一经营的一面……新的生产关系，在与之相适应的生产力没有发展到一定高度时，也不会建立，更不能巩固”（国务院农村发展研究中心，1985）。在此之后，随着改革开放的深化，所有制实现形式理论又跻身于国有企业改革，不仅其自身得到了极大的完善，也为国有企业改革奠定了充足的理论基础。如卫兴华先生（2004）曾指出，“国有经济可以有租赁制、承包制、股份制等不同的实现形式。它们只是国有经济的实现形式，属于经营方式，而并不是与国有制并列甚至取代国有制的新的公有制的实现形式”。吕政教授（1997）指出，“股份制有限公司和有限责任公司今后将成为我国企业的主要形态，也是公有制经济的主要实现形式”。随着1992年社会主义市场经济体制的确立，所有制实现形式理论的学术探索在国家政策层面得到确认，其构成了中国特色社会主义市场经济理论的一大内容。

总结来看，所有制实现形式理论是对马克思、恩格斯经典公有制理论的正确解读，其突破了单一论、教条论的束缚。正如习近平总书记在党的十九届四中全会的讲话中所指出的：科学社会主义和空想社会主义的一大区别，就在于它不是一成不变的教条，而是把社会主义看作一个不断完善和发展的实践过程。但与此同时，必须要澄清的是，所有制实现形式理论是价值中立的，不能以“成败论英雄”。中国特色社会主义市场经济理论取得了巨大的成功，是对所有制实现形式的有益探索；南共联盟突破了苏联单一公有制模式的束缚，也是对所有制实现形式的有益探索；同样地，苏联在毫无实践经验可借鉴的前提下，对马克思、恩格斯经典公有制理论的尝试也属于对所有制实现形式的积极探索，即便这种探索并未取得如中国一样的成功，也不能否定其“开天辟地”的应有地位。

二、基于“所有制—产权”的综合性评价标准构建

所有制实现形式理论为突破教条化的所有制理论束缚铺平了道路，但如上所述，所有制实现形式理论依然无法给出一种评判标准。结合“所有制—产权”框架，这种判断标准的确立需要从“产权—收益分配—激励机制”的内部逻辑以及“劳动者—生产资料”的外部逻辑来展开。

基于内部逻辑的评判标准包括产权结构、产权状态与收益分配机制。实际上，这种评价标准按逻辑回答了以下三个问题：产权归属谁？产权归属是否清晰？在既有产权归属状态下，产权主体能否获得相应收益？

第一，对于产权结构而言，其指的是有限的资源“权利束”在不同产权主体之间配置所导致的权利架构。根据科斯、威廉姆森和张五常等人的观点，由于交易成本的存在，企业作为一种市场的替代品便应运而生，其可以通过将外部性内部化来减少效率损耗。然而，企业内部的组织（管理）成本又决定了企业边界并不能无限扩张，在交易成本和组织成本之间存在一个最优的生产边界。这种具有一般性意义的观点透露出以下信息：企业组织规模不是越大越好，也不是越小越好，而是存在一个最优规模。同样地，上述理论也可以类推于产权结构上，即产权结构并不是越集中越好，也不是越分散越好，而是存在一种适度的规模结构。当然，这不仅仅是一个应然性命题，也是一个实然性命题。从世界农业经营模式的实践中可知，无论美国的大农场模式、德国的精细化管理模式还是日本的协同组合模式，都保持了适度规模化经营，并没有走向产权结构高度集权或者高度分权的极端。

第二，对于产权状态而言，其指的是产权归属与产权主体之间的结合程度。巴泽尔（1997）曾指出，“不管谁享有权利，只要权利被清楚界定，收入就会实现最大化”。由此可知，产权的清晰界定是实现经济效率的关键。然而，由于交易成本的存在，“当测量和监督资产或资产属性的成本超过评估的价值时，这种资产或属性就会被弃于公共领域”（巴泽尔，1997）。因此，妄图在某一特定时空完全界定某项资源的所有产权几乎是不可能实现的，总有一部分产权会落于公共领域内。当产权残缺时，“额外的使用会使得所实现的总价值的增加低于成本的追加值，这样，社会产品的价值就不是最大的”；而且残缺的产权“妨碍了人们在现金边际报酬上的全部最大化”（科斯，1994）。所以，如何在产权残缺的前提下尽可能地提高产权的明确程度就成为一个重要的命题。在诸多可采取的手段中，法律当仁不让地成为保护产权的长效机制，科学、完善的法律体系将为产权的清晰界定提供强有力的保障。

第三，对于收益分配而言，其指的就是“所有制—产权”逻辑框架下的Ⅰ类和Ⅱ类收益关系。从一般意义上讲，收益分配关系隶属于产权状态和产权结构。也就是说，在产权状态和产权结构清晰界定之后，收益分配关系也将随之确定下来。然而，在实际生活中，仍然有两种例外情况需要特别注意。其一，产权残缺较为严重的情况。严重的产权残缺意味着有大量的产权尚未进行界定或者界定不充分，这些界定不充分的产权将显著影响Ⅰ类和Ⅱ类收益关系的清晰程度。其二，所有制存在差异的情况。在财产私有制下，产权界定与收益分配关系之间存在明确且直观的联系。然而，在财产公有制下，经典公有制理论与经济实践存在较大差距，使得在理论上清晰规定的产权结构与产权状态很难原封不动地落实到现实生活中。比如，苏联在1958年有91%的经济成分属于全民所有制，然而，如何保证“全民”收益分配的激励性、有效性与合理性，在当时仍是一个难以解决的棘手问题（阿尼西莫夫，1958）。可以肯定的是，顺畅的收益分配关系是构建激励相容的生产机制的关键，也是促进生产力发展的必要前提。

基于外部逻辑的评判标准是指生产方式的状态。对于农村土地制度而言，这又可以进一步具化为劳动者和土地之间的结合状态以及劳动者之间的“协作”状态两种。对于劳动者和生产资料之间的结合而言，其指的是劳动者对于土地的占有、使用、收益和处分状态。劳动者与土地之间的结合状态又可以进一步具化为劳动者对土地享有的决策权与收益权程度。简单来说，其指的就是劳动者是否能自主决定如何对土地进行经营，以及劳动者是否能从土地经营中获取与之相匹配的收益。若劳动者能够自主决定土地的经营且能够获取相应的收益，则可以判定劳动者和土地之间的结合状态是直接、充分的。对于劳动者之间的“协作”状态而言，其指的是劳动者之间的联合方式，也是劳动者基于特定土地占有状态所采取的产权联合形式。简单来做划分的话，这种产权联合又可以分为单一化“协作”与多样化“协作”两种。很明显，单一化“协作”无助于全方位调动劳动者的生产积极性，而多样化“协作”却可以很好适应不同地区的经济实践，从而有助于调动劳动者的生产积极性。总结来看，劳动者和土地之间直接的、有机的、充分的“协作”是外部逻辑产生良性循环的前提；相反，劳动者和土地之间间接的、无机的、不足的“协作”是外部逻辑产生恶性循环的前提。

综合上述内部逻辑与外部逻辑的具体评判标准，便可以对所有制实现形式理论做进一步的推进。在此，根据“所有制—产权”的逻辑一致性，可以将所有制实现形式理论细分为以下两类。

类型Ⅰ：激励相容增强的所有制实现形式。其包含以下评判标准：产权结构的适度性；产权状态的清晰性；Ⅰ类和Ⅱ类收益关系的顺畅性；劳动者与土地结合的直接性；劳动者之间“协作”方式的多样性。总结而言，其逻辑关系表述如下：有机的所有制形式决定了产权结构的适度性与产权状态的清晰性，适度的产权结构和清晰的产权状态将引致顺畅的Ⅰ类和Ⅱ类收益关系的建立。顺畅的收益分配机制的建立将引致激励相容生产机制的产生，激励相容的生产机制的产生将促进生产力的发展。生产力的发展又将催生多样化的“协作”方式，而多样化的“协作”方式将进一步引导劳动者与生产资料之间实现更直接、更充分的结合。这种新的生产方式又将推动生产关系发生新的解体与转化。在此基础上，转化后的所有制形式将按照“所有制—产权”逻辑再次展开循环。如此循环往复，经济发展便可以进入积极循环的强化路径。

类型Ⅱ：激励相容削弱的所有制实现形式。相比较而言，其同样包含如下评判标准：产权结构的极端性；产权状态的模糊性；Ⅰ类和Ⅱ类收益关系的阻滞性；劳动者与土地结合的间接性；劳动者之间“协作”方式的单一性。总结而言，其逻辑关系表述如下：无机的所有制形式决定了产权结构的极端性与产权状态的模糊性，极端的产权结构和模糊的产权状态将引致受阻的Ⅰ类和Ⅱ类收益关系。阻滞的收益分配机制将无法产生激励相容的生产机制，这将进一步阻碍生产力的发展。停滞的生产力僵化了劳动者与生产资料之间的“协作”方式，而“协作”方式的僵化又进一步割裂了劳动者与生产资料之间的有机结合。在此基础上，落后的生产方式不仅不能推动生产关系发生解体与转化，反而极有可能令其处于停滞或倒退状态。如此循环往复，经济发展便会进入消极循环的强化路径。

然而，无论是激励相容增强的所有制实现形式，还是激励相容削弱的所有制实现形式，其都可以为最初的选择提供详细的评判标准。当决策者选择有机的所有制实现形式时，其可以有效地帮助行为人在最初选择时进入“路径依赖”的良性强化循环中；相反，当决策者选择无机的所有制实现形式时，其又极有可能因为这种选择错误而陷入“路径依赖”的恶性强化困境中。所以，在所有制实现形式理论基础上所作的激励相容增强和削弱之分，可以进一步推进所有制实现形式理论。结合各国的公有制实践经验可知，激励相容增强的所有制实现形式在经济实践中更加重视内部逻辑的产权调整，并且将劳动者与生产资料之间的结合程度作为外在评判标准；相反，激励相容削弱的所有制实现形式舍弃了产权的内核，转而选择教条的所有制理论为内核，以经济体制改革是否超越了教条所有制理论为体制改革的核心要义。

第三节　综合性评价标准下的农地制度实证分析

如上所述，在“所有制—产权”的逻辑框架下，一种综合性评价标准得以构建。根据详细的评判标准分类，可以对新中国成立以来我国农村土地制度的不同形态——农民所有制、人民公社制、“两权分离”模式和“三权分置”模式——进行比较、分析与验证①。其不仅能够全面总结农地制度改革的经验教训，也能够为未来农地制度改革梳理一条清晰的逻辑思路（见表 7-1、表 7-2）。

表 7-1　“所有制—产权”框架下农村土地制度内部逻辑综合评价比较

所有制	产权结构	产权状态	Ⅰ类收益分配	Ⅱ类收益分配	激励机制
农民所有制（私有制）	分散式（农民所有）	清晰	顺畅	顺畅	相容
人民公社制（公有制）	集权式（三级所有）	模糊	残缺	残缺	相容弱化
“两权分离”（公有制）	统分结合（权能分离）	残缺	残缺	顺畅	相容增强
“三权分置”（公有制）	统分结合（权能分离）	残缺	残缺	顺畅	相容增强

表 7-2　“所有制—产权”框架下农村土地制度外部逻辑综合评价比较

所有制	劳动者与生产资料之间的结合状态	劳动者之间的“协作”方式
农民所有制（私有制）	直接结合（农民享有完整决策权）	多样化
人民公社制（公有制）	间接结合（“三级”享有完整决策权）	单一化
“两权分离”（公有制）	统分结合（农户享有绝大部分决策权）	多样化

① “三权分置”与“两权分离”模式的经济基础是相同的，即家庭联产承包责任制。但是，相较于“两权分离”模式，“三权分置”改革在诸多层面取得了显著的改善。

续表

所有制	劳动者与生产资料之间的结合状态	劳动者之间的“协作”方式
“三权分置” （公有制）	统分结合 （农户享有绝大部分决策权）	多样化

一、农民所有制：短暂的存在与被取代的历史宿命

从所有制性质来讲，土地农民所有制是一种土地私有制形式。实际上，农民所有制并不是新中国成立之后才确立的。相反，早在中央苏区时期（1931—1937年），以毛泽东同志为首的中央领导层就已经确立了农民所有制形式。例如，1931年5月《江西省苏维埃政府关于土地问题的布告》规定，“一经分定的土地，即归农民所有，任其出租买卖，生的不补，死的不退”。1936年苏维埃中央政府西北办事处第九次会议正式决定：农民对所分到的土地享有所有权，颁发土地证，允许将土地进行买卖和雇工经营。

在新中国建立初期，农民土地所有制得到了延续。1950年6月，中央政府第八次会议审议通过的《土地改革法》中规定，“废除地主阶级封建剥削的土地所有制，实行农民的土地所有制……土地改革完成后，由人民政府发给土地所有证，并承认一切土地所有者自由经营、买卖及出租其土地的权利”。各地人民政府按照《土地改革法》的规定相继颁发了土地房产所有证，该证书上写道：本证所列土地房产，作为本户全家、个人私有产业，有耕种、居住、典卖、转让、赠与等完全自由，任何人不得侵犯（周山，2003）。

在农民所有制下，土地的产权主体是数亿中国人民，这也决定了土地产权结构的高度分散性。虽然其提高了交易成本，但是其产权状态却十分清晰，农民享有完整的土地占有、使用、收益和支配权能。清晰的产权状态也决定了顺畅的Ⅰ类与Ⅱ类收益分配关系，农民可以通过自主买卖和出租土地获取完整的土地收益。

在新中国成立初期，农业经济发展的资本积累严重不足。为了克服这一困难，中央政府先后在农村地区发动了互助组与合作社运动，以加强匮乏的生产资料的联合、劳动的联合。在产权状态清晰与收益分配机制顺畅的前提下，多样化的“协作”方式有效克服了以上难题，并加强了劳动力

与生产资料之间的有机结合。而且，激励相容机制的构建也促使农村经济得到了较快发展。根据国家统计局统计，在1949—1958年的10年时间里，我国农业生产总值从最开始的325.9亿元增长到671.0亿元，粮食产量从2 162亿斤增长到5 000亿斤（国家统计局，1959）。

农民所有制在1958年被人民公社制度所替代。在当时，这种体制革新存在着深层次的战略思考与体制铺垫。首先，在严峻的国际环境下，短时间内将中国建设成为工业和军事强国是必然之举。新中国成立之后，中国经济千疮百孔，各项事业百废待兴。当时，虽然农业经济发展对于保障社会秩序稳定来说具有重要意义，但相较于维护国家主权与国家安全而言，工业经济的发展似乎显得更为急迫。1952年12月22日中共中央通过的《关于编制一九五三年计划及长期计划纲要的指示》指出，要"集中力量保证重工业的建设"。然而，产权高度分散的农民所有制并不利于国家提取农业剩余以供给工业发展使用，建立一种能够减少交易成本的体制就显得极为重要。根据产权理论可知，减少交易成本的一种有效方式是内部化。所以，对于农民所有制而言，其不可避免地需要走向一种产权更为集中的模式。其次，农民所有制在其确立之初就决定了其"过渡"身份。1950年颁布的《土地改革法》第一条规定，"……实行农民的土地所有制……借以解放农村生产力，发展农业生产，为新中国的工业化开辟道路"。所以，一旦时机成熟，更确切地说，一旦我国确定了优先发展工业化战略，农民所有制必然会被其他经济体制取代。

综合来看，农民所有制是一种土地私有制模式，农民个体享有对土地的所有权，也享有完整的经营决策权。同样地，农民不仅可以买卖土地，也可以通过出让土地经营权获得相应收益。从内部逻辑来看，农民所有制是一种激励相容的生产机制，但受制于过于分散的经营模式，其也存在高昂的交易成本；虽然农户之间也可以通过多样化"协作"来克服这种缺陷，但过度分散的小农经营模式并不利于政府集聚农业剩余价值以支持工业经济发展，这与新中国成立初期"优先发展工业"的经济战略存在根本上的背离。所以，农民所有制被人民公社制度所取代成为历史选择的必然。

二、人民公社：远大的使命与沉重的代价

从所有制性质来讲，人民公社是一种土地公有制模式。这一点可以从

中共中央下发的《关于在农村建立人民公社问题的决议》看出："人民公社虽然所有制仍然是集体所有的……就已经包含有若干全民所有制的成分了。"在1958年8月北戴河会议之后，全国各地迅速开展了人民公社化运动，到1958年底，全国农村共有人民公社23 384个，参加的农户达到总农户数的90.4%，平均每社4 797户，全国基本实现了人民公社化（当代农业合作社编辑室，1992）。

受当时苏联模式影响，人民公社采取了一种产权高度集中的结构。此后虽然随着组织形式的调整，这种产权高度集中结构也有所改变，但其并未跳出"人民公社"这一基本制度范畴。在产权高度集中的模式下，农民相互之间以及农民与土地之间的"协作"方式也保持着高度的单一性。从政策规定来看，人民公社的产权状态无疑是清晰的。所有权、占有权、使用权、收益权和处分权的适格主体必须是"集体"，而不能是私人主体。但是，若从现代私法的角度来看，政策上清晰的产权界定却无法得到合理解释。虽然"集体"存在一些组织形式的调整（由"社为基础"到"队为基础"），也伴随着一些具体的土地权能的调整（决策权下调），但是，这依然无法从私法意义上进行理解。因为决策权依然掌握在"集体"手里，而不是农民个体手里。所以，从私法角度来看，人民公社时期的产权状态又是模糊的①。

由于产权无法清晰界定，其必然会通过"所有制—产权"框架的内部逻辑传导机制影响到两类收益分配关系。对于Ⅰ类收益分配关系而言，其指的是产权主体通过支配（买卖）土地而获得的收益，但很明显，人民公社制度下农民没有支配（买卖）土地的权利；即便对于"集体"来说，支配（买卖）土地也多采用土地征收的形式。

但是，需要特别注意的是，与一般意义上将农民作为土地出让方不同，在人民公社制度下，农民在Ⅱ类收益分配关系中的身份是出让方和受让方的有机统一。在此之前，需要阐述清楚"农民集体"和"农民个体"之间的辩证关系。若仅有一个空壳的"农民集体"，其内部却没有任何的

① 现代私法理论无法为"全民"和"集体"作法律定性，我国目前也未对其作出明确的规定。在"全民"和"集体"所有制背景下，由于"全民"和"集体"并不是一个私法概念，所以，现代私法理论和产权理论都一致认为我国农村土地权利归属存在"产权残缺"的问题。相较于承包责任制，人民公社时期的"产权残缺"问题更为严重。

“农民个体”，那么这个集体就是一个空洞的概念。相反，虽然有一大群“农民个体”，却没有形成“农民集体”，那么这实际上指的是私有制状态。在公有制体制下，“农民集体”和“农民个体”之间是辩证统一的关系。人民公社制度的土地经营行为是由“农民个体”集合形成的“农民集体”将土地交由“农民个体”进行耕种；而后，“农民个体”经营土地取得收益，并在满足国家征缴任务后由“农民集体”再重新分配给“农民个体”。实际上，上述过程就是Ⅱ类收益分配关系的完整传导过程。在这一过程中，“农民个体”所形成的“农民集体”是农村土地的合法所有者、政策决定者与收益分配者，而“农民集体”内部的“农民个体”则是农村土地的合法经营者、政策接受者与收益分享者①。与“所有制—产权”逻辑框架一样，上述循环过程也存在强劲的“锁定”效应。当“农民集体”能够制定出正确的生产决策与收益分配机制时，激励相容的机制将促使“农民个体”最大限度地释放生产力，农业经济便会进入良性循环之中。当“农民集体”所制定的生产决策与收益分配机制无法形成激励相容的生产机制时，“农民个体”对于“搭便车”的激励也将最大化，农业经济便会进入恶性循环之中。

对人民公社的Ⅱ类分配关系而言，中央也设计了两类收益分配机制。一类是为了保障农民最基本的生活水平的“口粮制”；另一类是为了激发农民生产积极性的“工分制”和“竞赛制”。这种制度设计充分考虑了当时农村经济发展较为落后的状况，也试图尽可能地激发出农业生产活力。然而，在实际执行过程中，初衷良好的制度设计却遭遇了重大挫折。在人民公社中后期，“口粮制”与“工分制”之间出现了严重的分配比例失衡问题。以平均分配为基本理念的“口粮制”大行其道，而以按劳分配为理念的“工分制”却日渐式微。虽然当时广泛存在的“劳动竞赛制”起到了一定的抑制作用，但其不足以完全扭转平均分配模式所带来的负面影响。以浙北陈家场生产队为例，从 1964 年开始，陈家场生产队的按需

① 从这种表述中可以清晰地看到，纯理论上的“农民个体”和“农民集体”是两个完全不同的概念。但在经济实践中，若想将两者进行清晰区分却很难实现。因此，为了将理论设计现实化，选择“中间代理人”以代理“农民集体”行使权利就成为一种必然的选择。在人民公社制度下，普遍存在的多层级“委托—代理”机制给其带来了巨大的管理成本，同时，信息流通闭塞、决策脱离现实以及激励不相容等问题也相伴而生。

（口）分配粮食的比例已经从两年前的47.1%增长到68.5%，而按劳分配所占比例却从两年前的47.5%下降到24.1%（见表7-3）。这种比例失调的现象不仅存在于浙北地区，还广泛存在于全国范围内。"即使在这二十多年间，按劳分配也未得到完全地贯彻执行，具有一定供给制色彩的'口粮'制度，始终是生产队最重要的分配制度之一。"（辛逸，2006）

表7-3 1962—1968年浙北陈家场生产队粮食分配情况表① 单位：斤

年份	分粮合计（斤）	按需（口）分配（斤）	占比（%）	按劳分配（斤）	占比（%）
1962	91 787	43 205	47.1	43 672	47.5
1963	88 373	30 768	34.8	48 242	54.6
1964	89 060	60 972	68.5	21 483	24.1
1965	102 115	66 162	64.8	26 908	26.4
1966	105 878	68 998	65.2	22 454	21.2
1967	96 075	63 607	66.2	25 824	26.9
1968	109 035	131 390	92.9	2 831	2.6

"口粮制"与"工分制"分配比例失调产生了两个后果。第一，比例过高的"口粮制"为亿万农民的基本生活与温饱提供了保障；第二，比例过低的"工分制"无法充分调动农民从事农业生产的积极性。在人民公社时期，20年期间里我国粮食总产量年增长率不到2%。在收入水平上，1957年，农民家庭平均每人纯收入73元，直到1978年，农民的人均纯收入才增长到133.6元。农民的人均纯收入每年仅增长了2.9元（国家统计局，1984）。不得不说，虽然比例过低的"工分制"没有促进农业经济的长效发展，但是，比例过高的"口粮制"却在很大程度上保障了农民的基本生活水平。

当然，除了比例问题之外，还需要重点考虑总量的问题。因为如果农业生产剩余足够大的话，即便"口粮制"与"工分制"之间存在比例失

① 资料来源：张乐天：《告别理想——人民公社制度研究》，上海人民出版社，2005年版，第79页。

调的问题，分配之后的收益绝对值仍然是十分可观的。在这里，不得不提及人民公社所肩负的远大使命。在“一五”计划完成之后，我国的工业化战略实现了由“优先发展重工业”到“片面发展重工业”的转移。在这种思想指导下，如何尽可能多地提取农业剩余价值就成为问题的核心。为了减少交易成本与租值耗散，也为了全面建设共产主义国家，人民公社制度便应运而生。实际上，人民公社所肩负的这一使命十分明显，辅之以粮食征缴制度、统购统销制度以及农业税制度，一齐助力于集聚农业剩余价值为国家发展工业化战略铺路。在这种战略背景下，以经典的分蛋糕案例来比喻的话，在人民公社成立之后，国家优先发展工业化的经济战略已经将本就不大的农业生产剩余“蛋糕”分走了一大部分，剩下的“蛋糕”在经历了比例失调的分配后，已无力再激励农民释放更多的生产活力。

客观地说，人民公社时期，我国工业经济取得了质的飞跃。除此之外，在大型基本农田水利设施、农业机械化、社队企业、农村基层医疗卫生事业等方面也都成绩明显。20 年间，我国农机总动力由 121. 4 万千瓦增加到 1 749. 6 万千瓦（方师乐，2019）。社队企业总产值由 62. 5 亿元增长到 431. 1 亿元（国家统计局，1980）。更令人瞩目的是，在这 20 年间我国建立起一支包括 180 万赤脚医生、350 万卫生员、70 多万接生员的庞大基层医疗大军，极大地缓解了当时农村医疗保障不足的问题（张开宁，2002）。

若综合评价的话，作为新中国成立以来农村土地公有制的首次尝试，人民公社制度起到了“开天辟地”的作用。其克服了当时技术落后和资金匮乏的困难，不仅为我国工业经济的快速发展“呕心沥血”，更是在克服重重困难的基础上取得了不俗的经济成果。然而，从根本上说，人民公社体制的产权结构、产权状态、收益分配机制、“协作”方式以及劳动者与生产资料之间的结合方式都存在较大的问题，认真反思人民公社制度所存在的体制缺陷对于我国未来农地制度改革的深入推进仍具有重要的经验价值。

三、“两权分离”：希望的复苏与差距的扩大

1978 年，安徽凤阳县小岗村的一声春雷揭开了改革开放的序幕。伴随着党的十一届三中全会的春风，中央连续下发五个一号文件完成了“包产到户”改革。1982 年，全国已经有 90%以上的生产队建立了不同形式的农

业生产责任制。1986年,《中华人民共和国民法通则》对承包经营权首次进行了明确的规定。自此,家庭联产承包责任制被写入法律之中。

从所有制性质来讲,“两权分离”的承包责任制是公有制性质。我国《宪法》也明确规定:“农村集体经济组织实行家庭承包经营为基础、统分结合的双层经营体制……是社会主义劳动群众集体所有制经济。”然而,不同于农民所有制的高度分散产权结构,也不同于人民公社的高度集权结构,“两权分离”模式提出了一种“统分结合”的动态机制设计。这种设计机制为后来的土地改革留下了充足的调整空间。从法律意义上讲,“统分结合”的模式也存在十分明确的制度基础,即“所有权—承包经营权”的双层产权结构,通过“权能分离”的方式将土地所有权与其他权能进行分离,这种“物权法定”的产权结构调整看似十分简单,但却一举解决了困扰人民公社制度多年的体制问题。

在“权能分离”之后,原本私法意义上极度模糊的农地产权状态豁然开朗,对于农户而言,经过多年的法律规制,农户已经享有完整的土地占有、使用、收益和支配权。与之相应,农户的收益分配关系也已基本厘清。首先,承包责任制不需要像人民公社制度一样承担为工业化战略累积资本的负担,农业生产剩余不仅不会被过多索取,反而随着市场经济的发展完全留存了下来。其次,曾经广泛存在于人民公社时期的平均分配方式已经被按劳分配所替代,“交够国家的,留足集体的,剩下的都是自己的”,收益分配机制的调整进一步提高了农民从事农业生产的积极性。在新的制度设计下,农户享有完整清晰的经营自主权,其Ⅱ类收益分配关系得以理顺。即便Ⅰ类收益分配关系仍为法律所禁止,但是,农户可以通过变通的方式以出让土地财产权利为标的物的方式理顺该关系。

对于劳动者与土地的结合状态而言,在“两权分离”初期,两者之间的结合程度是十分紧密的。大量的廉价土地与劳动力吸引了资本的涌入,而资本的进入又进一步促进了乡镇企业的繁荣发展。原本在人民公社时期极其短缺的化肥、农药等生产要素,开始出现“井喷式”增长。1977年,我国化肥使用总量为648万吨,到1986年已上升至1 930.6万吨。除此之外,我国农业经济也取得了全面的复苏。自1977年到1984年的7年时间里,我国粮食产量由1977年的28 273万吨增长到1984年的40 731万吨,粮食总产量增加了12 458万吨,是人民公社时期粮食总增量的12倍。从1978年到1983年的5年时间里,我国农业生产总值平均增长率达到了

7.9%，增速比人民公社20年间翻了一番还多（国家统计局，1984）。

随着“两权分离”改革的深化，已经被激发起生产积极性的农户们开始探索多样化的“协作”方式。“反租倒包”、土地股份制、土地信托制、“企业+农户”等模式先后创立，并逐渐发展壮大起来。然而，随着生产方式的革新，“两权分离”模式的短板也逐渐显露出来，其主要表现为资本与土地之间的结合程度变弱。若寻根溯源的话，造成两者结合程度变弱的原因有两个：首先，在“两权分离”模式下，某些土地权利仍然没有赋予农户。比如，承包地的抵押担保权利始终没有赋予农户。这就使得农户空有土地承包经营权，却难以根据该权利获得金融收益。然而，对于单个农户而言，其相对薄弱的资金储蓄根本不足以支持其开展规模经营，所以，如何加强农户对承包地的合理利用以获得更多的融资，就成为新一轮农地制度改革必须解决的问题。其次，在“两权分离”模式下，土地流转范围过窄、流转平台缺失、流转程序不规范等问题亟待解决。比如，2002年颁布的《农村土地承包法》规定土地使用权流转的方式有转包、出租、互换、代耕、转让、入股等六种方式，但实际上只有出租和代耕才能发生在本集体经济组织之外，其他流转都必须发生在集体之内。也就是说，在原有制度设计下，吸引大范围的城市资本进入农村土地市场几乎是不可能的。若无进一步的改革，大量农村土地的闲置问题将日益严重，这对于土地资源和粮食供应本就严峻的我国无疑风险巨大。

上述理论分析并非危言耸听。随着社会主义市场经济的发展，我国农业现代化建设进程已经远远落后于城市化，而城市化进程又远远落后于工业化。所以，曾经在人民公社时期为工业化战略做出巨大牺牲的农业经济，并没有因为“工业反哺农业”政策而缩小与其他产业的差距，其差距反而越来越大。“无论是东部、中部还是西部地区，绝大多数年份内农业现代化发展水平都落后于其他‘三化’，并且这种滞后性在我国西部地区表现得尤为明显。”（周振、孔祥智，2015）对于农业经济发展来说，在缺少机器大生产的前提下，其最有效的措施是加强土地的充分利用。“三化”之间的巨大差距也进一步证明，若想要缩小这种差距，就只能改革原来相对滞后的土地制度，重新加强劳动者、土地和资本之间的有机结合。

若综合评价的话，承包责任制的“两权分离”是对人民公社制度的巨大突破。随着土地的“权能分离”，原来困扰人民公社制度多年的产权问题、收益分配问题和激励相容问题也迎刃而解。然而，必须注意到，“两权分离”模式仍然存在一些问题。比如，“权能分离”后的土地产权状态依然不够清晰，这在一定程度上阻碍了收益分配机制的顺畅进行。再如，在土地非农化过程中，原本属于集体的土地产权却时常面临国家权力的超额占用，现行法律并未对其进行有效的规制。在“两权分离”后期，原有的制度设计已经无法满足土地与资本的结合需要。在“三化”差距逐渐拉大的背景下，开展新一轮农地制度改革以破除制度的壁障就成为必然之举。

四、“三权分置”：壁障的破除与可期的未来

严格来说，“三权分置”只是指农村承包地制度改革。但是，2014 年之后，国家又先后开展了宅基地“三权分置”改革、集体建设用地“同等入市”改革以及土地征收制度改革，这些改革措施被统称为“三块地”改革。为加强问题的聚焦性，本节只讨论承包地“三权分置”改革。“三权分置”模式的所有制性质仍然属于集体所有制，在产权状态、收益分配关系、激励机制、协作方式以及劳动者与土地的结合程度上，两者也都是大同小异。但是，这并不意味着“三权分置”改革毫无建树，其对于产权结构调整以及土地与资本的结合作出了巨大的努力。

正如上述，在“两权分离”模式下，农村经济的进一步发展需依赖土地与资本的充分结合。然而，原有的制度壁障阻碍了两者之间的有机结合。为破解这一制度壁障，“三权分置”改革采取了两方面措施。第一，允许农户将土地经营权进行抵押和担保以获得有效融资。“而要达到这一要求，就必须将这一权利物权化。”① 也就是说，需要将原有“物权—债权”杂糅的土地流转方式统一整合为物权性质。在产权结构上，“两权分离”模式下“所有权—承包经营权”的双层物权结构转变为“所有权—承包权—经营权”的三层物权结构。第二，扩大土地经营权物权化之后的主体范围以吸引城市资本进入。原先大部分发生在集体内部不规范、不稳定、小规模的土地流转可以扩展到集体经济组织之外，这又需要进一步搭建规范的土地流转平台，只有规范完善的土地流转制度才能吸引城市资本的进入。通过这两种渠道，土地与资本之间的结合程度得以

① 孙宪忠、张静：《推进农地三权分置的核心是经营权物权化》，《光明日报》，2017 年 2 月 14 日。

加强。

从理论上看，“两权分离”制度壁障的破除解决了当前农村经济发展的燃眉之急。但是，从试点成果来看，“三权分置”改革的成效喜忧参半。土地经营权流转市场建设在很大程度上解决了积累已久的农地闲置问题，资本的注入使得大量农村土地从荒废闲置状态转变为开发经营状态。比如，福建省三明市，2018 年第一季度“全市 1 735 个建制村已全部完成农户承包地权属调查任务；1 728 个村完成审核公示，完成率 99. 6%；1 727 个村完成合同签订，完成率 91. 1%；985 个村完成确权成果数据入库，完成率 56. 8%”①。然而，“三权分置”改革在实践过程中也存在一些突出的问题。比如，随着改革工作的开展，有一些政府为贯彻“三权分置”改革，违背农户意愿强制流转土地；还有些地方政府为实施“面子工程”，许多农业合作社基本处于“空壳化”的状态。

若综合评述的话，“三权分置”无疑是对“两权分离”模式的补充与完善。虽然当前的“三权分置”改革在实践过程中存在一些问题，但在精准扶贫、乡村振兴以及“双循环”格局战略的多重加持下，“三权分置”改革仍然具有十分可期的未来。

第四节　小结

本章通过构建“所有制—产权”的逻辑框架，并在此基础上将所有制实现形式理论归类为激励相容较强的实现形式与激励相容较弱的实现形式两类，对我国农村土地制度改革历程进行了实证分析。综合来看，我国四种农地制度设计各有优劣，很难将其完全界定为激励相容较强的实现形式或者激励相容较弱的实现形式。但是，若按照本书确定的六种评价标准一一比较的话，农民所有制、“两权分离”模式与“三权分置”改革无疑更多体现了激励相容较强的实现形式的特征，比如，它们都具备产权状态清晰、收益分配机制明确、劳动者与土地结合程度充分等特点。

通过对我国农地制度改革的实证分析可知，在改革开放之后，我国一

① 见三明网，《我市探索农村土地“三权分置”新模式成效明显》：http：//www. smnet. com. cn/xjpxsdzgtsshzysx/p /30436. html.

直沿着产权改革这一逻辑主线调整农村土地制度并取得了骄人的成绩，并与本书所构建的“所有制—产权”的逻辑框架以及对激励相容较强的所有制实现形式的评判标准划分相互印证。而理论和实践都已证明，我国未来农地制度改革仍应沿着产权改革这一逻辑主线继续迈进。

第八章

进一步的思考

如何找到与市场机制相容的公有制形态，一直是改革的一个重要理论和实践问题。本书认为，虽然存在着各种有待解决的问题，但农户对农村集体所有土地的承包制是我们已经找到的一种生产资料与劳动者直接结合起来的良好形态。引证马克思、恩格斯经典著作作为一个理论证据的话，也许这种形态是符合下述判断的精神的，即“在协作和对土地及靠劳动本身生产的生产资料的共同占有基础上，重新建立个人所有制”（马克思，1956）。

这种“重建”不同于新中国成立之前的农民所有制，其实质类似于一种土地私有制，而农户对农村集体所有土地的承包制则是一种公有制。它又可以分为以下两个层次：第一，农村土地集体公有制，即成员集体共同享有对农村土地的所有权，任何单一的集体成员都不能单独享有土地的所有权，集体所有制中土地的处分权由所有集体成员共同行使。也就是说，农村土地作为一种实体意义上的生产资料是归集体成员共同占有的，任何私人不得对生产资料的完整性进行分割，这保证了我国农村土地集体公有制的性质。第二，集体所有制下的农地产权结构是动态变化的。根据公有制实现形态理论可知，公有制内部产权结构从来都不是教条化的，也不是静止不变的，而且，只有通过对产权结构形式不断进行调整，才能满足生产力发展的需要。可以肯定的是，公有制内部产权的结构调整会逐渐走向分散，只有这样才能保证劳动者与生产资料的直接结合，才能实现激励相容较强的公有制形态。这种分散化的产权结构就是“重新建立个人所有制”，通过对个人产权清晰完整的划分，既能形成高效的激励相容机制，也能促进公有制经济的快速发展。

历史地看，“三级所有、队为基础”的人民公社体制并非“一无是处”，它在农田基本设施建设方面体现出巨大的优越性。以福建省龙海县角美公社为例，在1970年以后，角美公社为摆脱山荒、地瘦和旱涝灾害的影响，依托“三级所有、队为基础”的经济体制，采取“小型工程队自办，中型工程联队办，重点工程全社办”的做法，取得十分卓著的成果。在重点工程上，角美公社党委把全社32个大队和2个社办农场的力量统一组织起来，采取专业队和群众运动相结合的办法，在大干了一年零四个月后，顺利建成了坝高36米、底宽34米、长达150米、库容100万方、用石3万立方米的西山水库。在此之后，角美公社还攻克了高空作业的技术难关，建设了墩高24米、长达50米的渡槽，并开挖了40多公里长的配套干渠，一举扩大灌溉面积 2 万亩。在中型工程上，天柱山下洪岱等四个大队曾有 1 000 多亩的山垅田插花地，由于水冷、地瘦、易涝、易旱、产量低，公社党委便把这四个大队组织起来，通过一冬春的奋战，将这片土地改造成规格化农田，使平均亩产比过去增加 20 多斤（厦门大学经济系调查组，1978）。相比之下，在土地承包制实行后，兴建这种大型农田水利建设的优势反而一定程度上失去了。

然而，人民公社制度的这种优势无法弥补它在产权制度具体安排上所存在的缺陷。

在我国现有公有制经济体制中，土地承包责任制和农地“三权分置”制度是典型的激励相容较强的公有制实现形态，即使它们也存在诸如土地产权模糊、缺乏明确的改革目标等问题，但从总体上看，在土地承包责任制下劳动者与生产资料实现了直接结合。通过农地产权的内部调整，农民与承包地之间形成了高效的激励相容机制。农民将自己当作土地的主人，这极大地增强了他们从事农业生产的积极性，也进一步促进了农村经济的发展。

激励相容较强的公有制形态的作用不仅体现在土地经营之上，它也产生了强大的正外部性效应。土地承包责任制改革在改变了土地经营方式的前提下，也引起了农民财产权利和人身权利的双重解放。对农民的财产权利来说，农业生产方式、农民的收入总量和构成、农民的生活方式以及农村企业的发展等，使农民的财产权利得以重构。对农民的人身权利来说，人口迁徙、农民的身份转换以及新的农村社会分层在不断发展演化。农民财产权利和身份权利的双重改变进一步引起了社会经济大革命。乡镇企业逐渐繁荣起来，大量农村剩余劳动力进城给工业化发展带来了充足的劳动力。继而，粮食购销体制改革、商品供应体制改革、国营企业体制改革也相继展开。经过 40 多年的发展，这些改革在促进了农民财产权利和人身权利进一步松绑的同时，也加重了两者之间的不均衡。为进一步协调两者之间的不均衡，农地“三权分置”改革和宅基地“三权分置”改革相继开展起来。通过对农民人身权利的松绑，他们的财产权利也将得到进一步松绑。这是一个以土地制度改革为起点，继而延伸到社会经济制度改革，最后再回归到农村土地制度改革的制度变迁过程。

如果说本书有什么创新的话，最有可能之处在于本书以积极和消极的形态来分析或总结了土地改革的全过程。人民公社制度是一种激励相容较弱的公有制实现形态，因为它没有通过清晰界定产权制度来形成高效的激励相容机制，从而使得劳动者与生产资料处于相分离的状态，并严重影响了农民从事农业生产的积极性。相比之下，在“包产到户”改革之后，责任制改革通过还权赋能的方式加强了农民与生产资料的直接结合，其不仅形成了一种高效的激励相容机制，而且充分调动了农民的生产积极性。激励相容较强的公有制和激励相容较弱的公有制的不同形态可以从产权理论方面进行更微观的比较。在权能结构层面，激励相容较强的公有制实行的是相对分散的产权结构，并且将权能的赋予与劳动的投入直接结合在一起。激励相容较弱的公有制实行的是高度集中的产权结构，劳动者不享有任何实际的生产资料权能。在激励机制层面，激励相容较强的公有制形态的权、责、利状态是相统一的，“多劳多得、少劳少得、不劳不得”。而激励相容较弱的公有制的权、责、利状态是不对等的，激励机制的扭曲打击了劳动者从事生产劳动的积极性，并产生了严重的“搭便车”问题。在产权预期层面，激励相容较强的公有制通过产权的赋予可以增强人民群众对生产资料主人翁地位的认同感，而激励相容较弱的公有制则无法给予生产者足够的心理预期。

土地征收制度改革不仅关乎农地增值的收入分配机制的重构，也直接牵动着政府职能转变和税收制度调整。虽然土地征收制度改革是一个庞大的系统性工程，但是，只有通过改革不合理的土地征收制度，理顺经济主体之间的产权激励关系，保护农民合法的土地产权，才能真正实现激励相容较强的公有制形态，才能真正实现中华民族的伟大复兴。

参考文献

一、政策资料汇编类

1. 财政部农业司．农业财政政策法律法规手册［G］．北京：经济科学出版社，1999.

2. 当代农业合作社编辑室．建国以来农业合作化史料汇编［G］．北京：中共党史出版社，1992.

3.《当代中国》丛书编委会．当代中国的乡镇企业［G］．北京：当代中国出版社，1991.

4. 当代中国农业合作化编辑室．中国农业合作史资料［G］．北京：当代中国出版社，1986.

5. 顾龙生．毛泽东经济年谱［G］．北京：中共中央党校出版社，1993.

6. 国家农业委员会办公室．农业集体化重要文件汇编（上）［G］．北京：中共中央党校出版社，1981.

7. 国家农业委员会办公厅．农业集体化重要文件汇编（1958—1981年）［G］．北京：中央党校出版社，1982.

8. 国家统计局．建国三十年来农业统计资料（1949—1979）［G］．北京：中国统计出版社，1980.

9. 国家统计局．伟大的十年［G］．北京：人民出版社，1959.

10. 国家统计局．1949—1984光辉的三十五年［G］．北京：中国统计出版社，1984.

11. 国家统计局综合司．全国各省、自治区、直辖市历史统计资料汇编（1949—1989）［G］．北京：中国统计出版社，1990.

12. 农业合作社编辑室．当代中国典型农业合作社史选编（上）［G］．北京：中国农业出版社，2002.

13. 全国人大常委会法制工作委员会民法室．中华人民共和国物权法条文说明、立法理由及相关规定［G］．北京：北京大学出版社，2007.

14. 山东省农村政策调查组．烟台、青岛、泰安、淄博、德州、聊城地区人民公社政策调查材料［G］．山东省档案馆，1972 年．

15. 山东省革命委员会农林局．山东省 1975 年农村人民公社集体经济收益分配情况统计表［G］．山东省档案馆，1976.

16. 中共中央文献研究室．建国以来重要文献选编（第 12 册）［G］．北京：中央文献出版社，1996.

17. 中共中央文献研究室．关于建国以来党的若干历史问题的决议注释本［G］．北京：人民出版社，1983.

18. 中共中央文献研究室．建国以来重要文献选编（第 13 册）［G］．北京：中央文献出版社，1996.

19. 中国大百科全书总编辑委员会．中国大百科全书（经济学）［G］．北京：中国大百科出版社，1978.

20.《中国农业年鉴》编辑部编．中国农业大事记（1981—1983 年）［G］．北京：农业出版社，1985.

21. 中华人民共和国国家农业委员会办公厅．农业集体化重要文件汇编（1958—1981）［G］．北京：中共中央党校出版社，1981.

二、专著类

1. 陈大斌．饥饿引发的变革［M］．北京：中共党史出版社，1998.

2. 陈吉元．论中国农业剩余劳动力转移：农业现代化的必由之路［M］．北京：经济管理出版社，1991.

3. 陈少艺．当代中国“三农”政策变动：基于“中央一号文件”的研究［M］．上海：上海人民出版社，2016.

4. 陈小君．农村土地法律制度研究：田野调查解读［M］．北京：中国政法大学出版社，2004.

5. 陈小君．农村土地立法问题研究［M］．北京：经济科学出版社，2012.

6. 道格拉斯·诺思．经济史中的结构与变迁［M］．陈郁，罗华平，译．上海：上海人民出版社，1994.

7. 董景山．农村集体土地所有权行使模式研究［M］．北京：法律出版社，2012.

8. 杜润生．杜润生改革论集［M］．北京：中国发展出版社，2008.

9. 甘犁，尹志超．中国家庭金融调查报告 2014［M］. 成都：西南财经大学出版社，2015.

10. 高发．中国居民收入差距：基于制度变迁视角的分析［M］. 北京：知识产权出版社，2008.

11. 高海燕．二十世纪中国土地制度变迁［M］. 北京：法律出版社，2015.

12. 高王凌．人民公社时期中国农民“反行为”调查［M］. 北京：中共党史出版社，2006.

13. 关锐捷．中国农村改革三十年［M］. 石家庄：河北科学技术出版社，1998.

14. ［荷］何·皮特．谁是中国土地的拥有者：制度变迁、产权和社会冲突［M］. 林韵然，译．北京：社会科学文献出版社，2008.

15. 何勤华，李秀清，陈颐．新中国民法典草案总览（上卷）［M］. 北京：法律出版社，2002.

16. 胡必亮，郑红亮．中国的乡镇企业与乡村发展［M］. 太原：山西经济出版社，1996.

17. 胡绳．中国共产党的七十年［M］. 北京：中共党史出版社，1991.

18. 胡穗．中国共产党农村土地政策的演进［M］. 北京：中国社会科学出版社，2007.

19. 李锦．大转折的瞬间：目击中国农村改革［M］. 长沙：湖南人民出版社，2000.

20. 列宁．列宁全集［M］. 北京：人民出版社，1986.

21. 林毅夫．制度、技术与中国农业发展［M］. 上海：上海三联书店，2005.

22. 刘怀廉．农村剩余劳动力转移新论［M］. 北京：中国经济出版社，2004.

23. 刘庆乐．权力、利益与信念：新制度主义视角下的人民公社研究［M］. 北京：中国社会科学出版社，2010.

24. 罗必良．产权强度、土地流转与农民权益保护［M］. 北京：经济科学出版社，2013.

25. 马杰三，张毅．中国乡镇企业年鉴（1978—1987）［M］. 北京：农业出版社，1989.

26. 马克思，恩格斯．马克思恩格斯选集［M］. 北京：人民出版社，1995.

27. 马克思，恩格斯．马克思恩格斯全集［M］. 北京：人民出版社，1956.

28. 黄宗智．长江三角洲小农家庭与农业生产［M］. 北京：中华书局，2002.

29. 科斯．财产权利与制度变迁［M］. 刘守英，译．上海：上海人民出版社，2004.

30. 爱德华·卡德尔. 公有制在当代社会主义实践中的矛盾［M］. 北京：中国社会科学出版社，1980.

31. 伊万·马克西莫维奇．公有制的理论基础［M］. 陈长源，译．北京：中国社会科学出版社，1982.

32. 斯大林．斯大林选集［M］. 北京：人民出版社，1979.

33. 王坤，李志强．新中国土地征收制度研究［M］. 北京：社会科学文献出版社，2009.

34. 王颖．新集体主义：乡村社会的再组织［M］. 北京：经济管理出版社，1996.

35. 温铁军．中国农村基本经济制度研究［M］. 北京：中国经济出版社，2000.

36. 谢在全．民法物权论［M］. 北京：中国政法大学出版社，2011.

37. 杨春学．突破思想瓶颈：改革 40 年的政治经济学［M］. 北京：首都经济贸易大学出版社，2018.

38. 张红宇．中国农村的土地制度变迁［M］. 北京：中国农业出版社，2002.

39. 张乐天．告别理想：人民公社制度研究［M］. 上海：上海人民出版社，2005.

40. 周其仁．产权与制度变迁：中国改革的经验研究［M］. 北京：北京大学出版社，2004.

41. 周同宾．皇天后土：俺是农民［M］. 北京：文化艺术出版社，2007.

42. 周应江．家庭承包经营权：现状、困境与出路［M］. 北京：法律出版社，2010.

43. 梅夏英．财产权构造的基础分析［M］．北京：人民法院出版社，2002.

44. POLLOCK F，MAITLANDF. The history of English law before the time of Edward Ⅰ［M］. London：Cambridge University Press. 1996.

45. 巴扎尔，安凡丹，罗德里格．圣西门学说释义［M］．王永江，黄鸿森，李昭时，译．北京：商务印书馆，1986.

46. 巴泽尔．产权的经济分析［M］．上海：上海三联书店，1997.

47. 张开宁．从赤脚医生到乡村医生［M］．昆明：云南人民出版社，2002.

48. 王智民，黄京平．经济发展与犯罪变化［M］．北京：中国人民大学出版社，1992.

三、论文类

1. O'LEARY G，WATSON A. The role of the people's commune in rural development in China［J］. Pacific Affairs，1983.

2. COASE R H. The problem of social cost［J］. Journal of Law and Economics，1960.

3. 蔡继明．中国的现代化、城市化与农地制度改革探析［J］．经济前沿，2005（1）．

4. 陈广华，孟庆贺．农户承包权继承法律问题研究［J］．农业经济问题，2018（5）．

5. 陈洪玲，韩晓楠．我国城镇化进程中农村土地产权制度问题与对策研究［J］．长白学刊，2011（6）．

6. 房绍坤．论土地承包经营权抵押的制度构建［J］．法学家，2014（2）．

7. 高宏，杨毅超，张云春．“两田制”十年实践的回顾［J］．中国农垦，1997（1）．

8. 高圣平．承包土地的经营权抵押规制之构建：兼评重庆城乡统筹综合配套改革试点模式［J］．法商研究，2016（1）．

9. 发展研究所综合课题组．农民市场和制度创新：包产到户八年后农村发展面临的深层次改革［J］．经济研究，1987（1）．

10. 韩德军，朱道林．中国农村土地制度历史变迁的进化博弈论解释

[J]. 中国土地科学，2013（7）.

11. 何友良. 建国初期毛泽东的农村农民思想述论［J］. 当代中国史研究，1997（3）.

12. 黄登迎，杨红. 农村土地“三权分置”政策面临的主要困境及解决路径：以新疆为例［J］. 哈尔滨工业大学学报（社会科学版），2017（6）.

13. 黄延延. 论农村土地流转方式中的反租倒包［J］. 特区经济，2010（4）.

14. 江眺，闫向荣. 永佃权：改革我国农村土地承包制度的一个思路［J］. 当代法学，2003（4）.

15. 蒋永穆，安雅娜. 我国农村土地制度变迁的路径依赖及其创新［J］. 经济学家，2003（3）.

16. 焦富民. “三权分置”视域下承包土地的经营权抵押制度之构建［J］. 政法论坛，2016（5）.

17. 李跃. 新农村建设中的土地流转问题分析［J］. 农业经济问题，2010（4）.

18. 梁鸿. 苏南农村家庭土地保障作用研究［J］. 中国人口科学，2000（5）.

19. 刘民权. 农业的持续增长与城市化：对台湾地区和中国大陆“农地整治方案”的一些思考［J］. 经济学，2002（2）.

20. 卢福营. 村民自治背景下民众认同的村庄领袖［J］. 天津社会科学，2008（5）.

21. 马俊驹，杨春禧. 论集体所有权制度改革的目标［J］. 吉林大学社会科学学报，2007（3）.

22. 农业部农村改革试验区办公室. 从小规模均田制走向适度规模经营：全国农村改革试验区土地适度规模经营阶段性试验研究报告［J］. 中国农村经济，1994（12）.

23. 潘俊. 农村土地“三权分置”：权利内容与风险防范［J］. 中州学刊，2014（11）.

24. 师晋英. 农村集体建设用地流转情况的调查与思考［J］. 山西农业大学学报（社会科学版），2002（1）.

25. 孙宪忠. 推进农地三权分置经营模式的立法研究［J］. 中国社会

科学，2016（7）.

26. 谭峻．我国集体土地产权制度存在的问题及应对之策［J］．农村经济，2010（4）.

27. 谭淑豪，曲福田，尼克·哈瑞柯．土地细碎化的成因及其影响因素分析［J］．中国农村观察，2003（6）.

28. 王海燕，濮励杰．土地细碎化问题研究浅析［C］．中国自然资源学会会议论文集，2011（7）.

29. 王敬尧，魏来．当代中国农地制度的存续与变迁［J］．中国社会科学，2016（2）.

30. 王鹏程，马红梅．中国农民增收：政策作用与优化路径［J］．江苏农业科学，2018（7）.

31. 王雯雯．榜样教育初探（1956—1966）：以农业学大寨为个案的历史考察［J］．中共郑州市委党校学报，2017（1）.

32. 王艳西．集体永佃制：理论基础、制度内涵与实现途径［J］，西北农林科技大学学报（社会科学版），2018（5）.

33. 王瑜，黄蓓，杨翠迎．农村土地社会保障功能及其弱化现象与农村社会保障制度建设［J］．甘肃金融，2011（4）.

34. 杨春学，杨新铭．所有制适度结构：理论分析、推断与经验事实［J］．中国社会科学，2020（4）.

35. 王忠禹．关于国务院机构改革方案的说明［J］．全国人大常务委员会公报，2003（2）.

36. 魏一南．反租倒包的合法性分析及替代模式研究［J］．通化师范学院学报（人文社会科学版），2014（9）.

37. 温铁军．"平度创造"引发的理论探讨［J］．农村经济文稿，1992（7）.

38. 吴成峡，邓正阳．农地产权政策演进的多源流理论分析：以家庭联产承包责任制为例［J］．社会主义研究，2017（6）.

39. 厦门大学经济系调查组．发挥人民公社"三级所有、队为基础"制度的优越性：福建省龙海县角美公社的调查［J］．经济研究，1978（10）.

40. 辛逸．农村人民公社家庭副业研究［J］．中共党史研究，2000（5）.

41. 薛培荣，罗乃明．花钱买放心 四荒不再荒 吕梁拍卖“四荒”地［J］．农村合作经济经营管理，1993（10）．

42. 颜运秋，王泽辉．国有化：中国农村集体土地所有权制度变革之路［J］．湘潭大学学报（哲学社会科学版），2005（2）．

43. 杨春学．论公有制理论的发展［J］．中国工业经济，2017（10）．

44. 杨立新．论我国土地承包经营权的缺陷及其对策：兼论建立地上权和永佃权的必要性和紧迫性［J］．河北法学，2000（1）．

45. 杨小凯．中国改革面临的深层问题：关于土地制度改革［J］．战略与管理，2002（5）．

46. 杨学城，罗伊·普罗斯特曼．关于农村土地承包30年不变政策实施过程的评估［J］．中国农村经济，2001（1）．

47. 姚洋．中国农地制度：一个分析框架［J］．中国社会科学，2000（2）．

48. 于宏源．论发展型政府理论与实践［J］．广东商学院学报，2004（6）．

49. 郁建兴，高翔．中国服务型政府建设的基本经验与未来［J］．中国行政管理，2012（8）．

50. 郁建兴，徐越倩．从发展型政府到公共服务型政府：以浙江省为个案［J］．马克思主义与现实，2004（5）．

51. 袁震．农村土地承包经营权流转形式之法理分析［J］．河北法学，2011（8）．

52. 张红宇．中国农村土地产权政策：对农地使用制度变革的重新评判［J］．管理世界，1998（9）．

53. 赵旭东．加强国土资源法律体系研究［J］．中国土地，2002（1）．

54. 中共吕梁地委宣传部写作组．拍卖“四荒”地使用权的实践、理论与政策思考［J］．山西水土保持科技，1994（4）．

55. 周其仁．国家与土地所有权关系的变化：一个经济制度变迁史的回顾［J］．管理世界，1995（3）．

56. 周山．新中国农村土地所有权的变迁及其思考［J］．毛泽东邓小平理论研究，2010（1）．

57. 朱广新．土地承包权与经营权分离的政策意蕴与法制完善［J］．

法学，2015（11）.

58. 师晋英. 农村集体建设用地流转情况的调查与思考［J］. 山西农业大学学报（哲学社会科学版），2002（1）.

59. 赵旭东. 加强国土资源法律体系研究［J］. 中国土地，2002（1）.

60. 冉昊. 论两大法系财产法结构的共通性：英美法系双重所有权与大陆法系物权债权二元划分的功能类比［J］. 环球法律评论，2006（1）.

61. 吴易风. 论政治经济学或经济学的研究对象［J］. 中国社会科学，1997（2）.

62. 马家驹，蔺子荣. 生产方式和政治经济学的研究对象［J］. 中国社会科学，1981（6）.

63. 周通. 1988 年波、匈、南的工潮以及政治和工会多元化问题评述［J］. 国际共运史研究，1989（1）.

64. 阿尼西莫夫. 苏联全民所有制和合作社集体农庄所有制［J］. 经济研究，1958（7）.

65. 方师乐. 新中国成立 70 年来我国农业机械化的阶段性演变与发展趋势［J］. 农业经济问题，2019（10）.

66. 周振，孔祥智. 中国“四化”协调发展格局及其影响因素研究：基于农业现代化视角［J］. 中国软科学，2015（10）.

67. 廖鲁言. 关于《高级农业生产合作社示范章程》的说明（1956 年 6 月 15 日）［N］. 山西政报，1956（13）.

68. 孙宪忠，张静. 推进农地三权分置的核心是经营权物权化［N］. 光明日报，2017-2-14.

四、电子文献类

1. 常德市人民代表大会. 关于我市农村土地确权与三权分置改革情况的调查报告［EB/OL］.（2018-09-11）［2022-06-07］. http://rd.changde.gov.cn/zdgz/gzjd/nync/content_53962.

2. 阜阳市人民政府网. “三权分置”执行落实情况：市农委 2018 年农村土地“三权分置”落实情况总结［EB/OL］.（2019-02-18）［2022-06-07］. http://www.fy.gov.cn/openness/detail/content/5c2f2a7c7f8b9ae0117378b1.html.

3. 凤凰网财经．很多地方财政亏空万亿：六省一市养活全中［EB/OL］．（2018-01-10）［2022-06-07］．http：//finance. ifeng. com/a / 20180110/159 18565_ 0. shtml.

4. 凤凰网资讯．全国卖地收入猛增43%，谁在蒙眼狂奔？［EB/OL］.（2018-07-24）［2022-06-07］. https：//finance. ifeng. com/c/7en6Qu5HCei.

5. 金华人大网．关于我市农村承包土地“三权分置”改革工作的调研报告［EB/OL］．（2019-07-24）［2022-06-07］. http：//www. jhrd. gov. cn/art/2018/7/24/art_ 1229442620_ 7476. html.

6. 刘诗洋．泰禾108亿接盘北京丰台地王 央企彻底退出［EB/OL］.（2019-01-02）［2022-06-07］. https：//www. jiemian. com/article/1855554. html.

7. 冯华，陈仁泽．农村土地制度改革，底线不能突破：专访中央农村工作领导小组副组长、办公室主任陈锡文．人民网［EB/OL］．（2013-12-05）［2022-06-07］. http：//politics. people. com. cn/n/2013/1205/c1001-23747791. html.

8. 三明网．我市探索农村土地“三权分置”新模式成效明显［EB/OL］．（2019-05-02）［2022-06-07］. http：//www. sm. gov. cn/zw/zwxx/sjdt/201805/t20180502_ 1115987. htm.

9. 石台县人民政府网．关于“落实‘三权分置’，推进‘三变’改革，激发农村发展活力”的建议［EB/OL］．（2020-09-03）［2022-06-07］. https：//www. ahshitai. gov. cn/OpennessContent/show/928060. html.

10. 搜狐财经．我国分税制决策背景历史回放［EB/OL］．（2008-08-04）［2022-06-07］. https：//business. sohu. com/20080804/n366746524. shtml.

11. 搜狐网．渡江战役民船征用始末［EB/OL］．（2019-06-16）［2022-06-07］. https：//www. sohu. com/a/236091241_ 162197.

12. 搜狐新闻．盘点近年强拆事件：一半暴力一半暴利［EB/OL］.（2019-02-18）［2022-06-07］. http：//news. sohu. com/20140330/n397432668. shtml.

13. 土流网．关于松江区家庭农场经营状况与效果的分析［EB/OL］.（2014-06-03）［2022-06-07］. https：//www. tuliu. com/read-31210. html.

14. 土流网. 2008—2016年国家在土地确权方面出台了哪些相关政策

呢？［EB/OL］.（2017-01-09）［2022-06-07］. https：//www. tuliu. com/read-49730. html.

15. 新乡市人民政府网．新乡市人民政府关于印发新乡市农村土地开发利用与改革实施方案的通知［EB/OL］.（2018-06-27）［2022-06-07］. http：//www. xinxiang. gov. cn/sitesources/xxsrmzf/page_ pc/zwgk/zfwj/xzw/articlebeb284ffe35540919055df25b94c920f. html.

16. 中共湘乡市委办公室．关于推进农村土地“三权分置”改革的调研思考［EB/OL］.（2018-04-11）［2022-06-07］. http：//swb. xiangxiang. gov. cn/dcyj/2018-04-11/374. html.